関谷雅宏 Masahiro Sekiya

マネジメントは嫌いですけど

「人を動かす」では
得られない答えがある。

技術評論社

●免責

　本書に記載された内容は、情報の提供のみを目的としています。したがって、本書を用いた運用は、必ずお客様自身の責任と判断によっておこなってください。これらの情報の運用の結果について、技術評論社および著者はいかなる責任も負いません。

　本書記載の情報は、刊行時のものを掲載していますので、ご利用時には変更されている場合もあります。

　以上の注意事項をご承諾いただいたうえで、本書をご利用願います。これらの注意事項をお読みいただかずに、お問い合わせいただいても、技術評論社および著者は対処しかねます。あらかじめ、ご承知おきください。

●商標、登録商標について

　本文中に記載されている製品の名称は、一般に関係各社の商標または登録商標です。なお、本文中では™、®などのマークを省略しています。

はじめに

「マネジメントなんてやりたくない。部下やお金や人事評価の面倒なんて見たくない」

そんな声をよく聞きます。まったくもって同意します。
しかし、「やりたくない」というのなら、マネジメントはいらないのでしょうか?
Googleは、2002年にすべてのマネジメント職を廃止するという実験をしています。2008年には、マネジメント職は重要な存在ではないという意見を証明しようとして失敗しています※。

私は、「技術職を経験しているマネジメント」の人間がもっとたくさん、自然に増えるといいと願っています。なぜなら、技術者の常識が、マネジメントに必要だからです。

- 問題点や失敗する可能性を隠さずオープンにするほうが健全で安全である
- 自分の望むことと自然界で発生することは一致しない
- 自分の成果を他人に批評してもらってこそ自身の知識が深まる
- 自分には知らないことがあることを知っているので、自分自身はまちがえることがある
- どんな決定も「根拠とする事柄」があり、だからまちがったときにも学ぶことができる
- 正解を知っていなくとも、「仮説」を立て「結果」を予想して「実験」をすることで学べる

もちろん、マネジメントの問題には人間の心理が関わってくることが多いですが、自分自身の人間性とマネージャーとしての人間性は切り離すべきで

※re:Work [マネージャー]〈https://rework.withgoogle.com/jp/subjects/managers/〉より

す。マネジメントは、職種です。人懐っこくて可愛らしい、だれでも気軽に寄ってくるような警備員は役に立たないでしょうが、だからといって、そういう人間性を持っていてはいけないということはありません。意識的に自分自身の人間性と切り離し「役割としてのふるまい」にすればいいのです。そこさえできれば、技術者の判断力はマネジメントという「役割」に向いています。

　マネジメントを「技術」として捉えられれば、「マネジメント職」も自分のなりたい技術者の1つの職種、技術者として身についていく属性の1つとして認めることができるようになるはずです。

　私は、自他ともに認めるように「優れた技術者」でも「マネジメントができた」わけでもなく、「人とものすごく違うことを考える」ようなことは当然できませんでした。なので、「普通に考える」ということをいつも目指して、考えればあたりまえなことがなぜかできていない事実を相手と共有し、そのうえで「なぜそれができないのか」をお互いに考え、できるようにしてマネジメントしてきました。それだけで、5名程度の小さなチームでも500名を超える大きな組織でもうまくいくケースは多かったです。

　私がやってきたことは、だれでも身につけられると思っています。身につけたくなくとも、「こんな考えもある」と知ってもらえば、いろいろなことが今までと違って見えるかもしれません。

Contents

はじめに 3

第1章 マネジメントできるのは未来だけ

1-1	解決病にかかってしまう問題 12
1-2	未来から逆算して考える 15
1-3	マネジメントの目的は「現実に変化を起こすこと」 16

第2章 理想を描いて余裕をつくる

| 2-1 | 何が問題か？ 何を目指すべきか？ 21 |
| 2-2 | アウトプットは「60％」の力でおこなうこととする 23 |

2-3	技術の底上げと訓練に「20%」を使用する 25
2-4	残りの「20%」の使い方 27
2-5	マネージャーになっても技術は追いかける 30
Column	進捗は塗り絵のように面積で考える 33

第3章 部下は思いどおりに動いてくれない

3-1	正解はない、だから試行錯誤する 38
3-2	好かれていようが、嫌われていようが、部下は意地悪なテストをしてくるものだ 40
3-3	自分の足りないところは公開したほうが解決しやすい 43
3-4	犬はワンと鳴き、猫はニャンと鳴くのだから、逆はやめて 45
3-5	信用も信頼も、するのは相手ではないだろう 47
3-6	属人性も人材の流失もリスクの1つにすぎない 48
3-7	組織で生かしにくい技術者の3つのタイプ 50
Column	新しい世界の布教とこれまでの世界の維持も大切な技術 53

第4章 学べる仕組みを実装する

- 4-1 人を育成する悲しくも唯一の方法　57
- 4-2 教え合ってもらう　59
- Column 社内に向いている時間が多いと、技術への判断能力が身につかない　63
- 4-3 「問題を解く」のではなく「問題を作る」　65
- Column プロセスで品質を上げるために必要なこと　68
- 4-4 科学の力を利用できるようにする　69
- 4-5 妄想するな、計測しろ　71
- Column 計測し続けていた技術者　73

第5章 キャリアパスから組織を考える

- 5-1 技術者の貢献を評価してもらうのは難しい　77
- 5-2 報酬額は経済が決めている　78
- 5-3 ルール違反をせずに、自分が正当だと考える報酬へ近づけるには　79

| 5-4 | 成長という報酬　81 |

| Column | もともと優秀でも教育によってさらに飛躍する　84 |

| 5-5 | 「育成型のクラブ」をめざした理由　85 |

| 5-6 | 「人材育成力を強みにする」という考え方の是非　88 |

| 5-7 | 育成は人のためならず　90 |

| Column | 新しい技術や開発手法と相性の悪い組織　92 |

第6章 組織の中のお金の理屈

| 6-1 | プロジェクト予算を疑う　96 |

| 6-2 | 維持する予算は、新しく何かを作るときよりとりにくい　100 |

| Column | 承認の負荷に意味はあるか　102 |

| 6-3 | 人事予算をどう考えるか　103 |

| 6-4 | 予算の仕組みを知っておく　107 |

| 6-5 | お金をかければ良くなるなら、かけたほうがいい　110 |

| Column | 覚えておくといい資金繰りと信用の話　112 |

第7章 完成したマネジメントなんてない

- 7-1 スクラップ＆ビルドは夢　119
- 7-2 組織に完成はない　120
- 7-3 組織の文化が変化の方向を決める　121
- Column 単純なものでも、かけ合わせると複雑になる　123

第8章 正解のない世界でマネジメントをしていくには

- 8-1 世界を理解するためには、感情が信じたいことを否定する　126
- 8-2 現時点でのまちがいを許容する　128
- 8-3 仕事で任せられた役割や成果は、自分そのものではない　129
- 8-4 変化を阻む「見えないバリア」を取り除く　130
- 8-5 目的のために手段を選ばない　131

おわりに　133

謝辞　134

第1章

マネジメントできるのは未来だけ

マネジメントで一番大切なことは、今までと違う新しい方法で、大きな問題を解決していくことです。今までと違う新しい方法を見つけ出すことでマネジメントの方法が増え、応用して解決できる問題も見つかります。

　ところが、マネジメントを続けていると段々と消極的になり、解決しやすい小さな問題を、やりなれた方法で処理するばかりになります。そして、新しいことに取り組めなくなっていることに気づきます。これを私は「解決病」と呼んでいます。

　なぜ、解決病にかかってしまうのか。それは、**問題を発見したら発見者が解決しなければならない**という、謎の脅迫観念があるからです。

　問題を発見することは、かんたんなようでとても難しいことです。発見することすら難しいのに、さらに「自分が解決しなければならない」としたらどうなるでしょうか？

「自分が解決できる問題」しか問題だと思わなくなります。幸いなことに（残念ながら）、こちらは意外とかんたんに見つかります。

　そして、解決方法がかんたんに見つけられる問題の多くは、「本当の問題」ではなく、本当の問題が引き起こしている多くの「結果」のことが多いのです。そのため、その解決策は、往々にして「作業の増加」という現象を引き起こします。残念なことに問題を解決しているわけではないので、問題自体がなくなることは永遠にありません。

1-1 解決病にかかってしまう問題

「1人で何かの作業をして、失敗してしまった」

　そんな状況を考えてみましょう。そして、

「1人で作業をするのが問題だ」

　となるとしましょう。

この場合は人数が問題となるので、人数を増やして、たとえばまずは「２人で作業する」という解決策が取られます。

　この解決方法は、他人に説明して理解してもらうのは楽ですし、実施するハードルもはっきりしていて、取り組むのもたやすいと思います。しかし、この考え方でいくと、２人で失敗すると３人となり、４人、５人、６人、７人……と限りなく増えてしまいます。それでは、問題の解決方法としてはあまりにも雑で、再度同じことが起きた際にまた頭を抱えることになります。

　にもかかわらず、この手の「人を増やす」解決策は、問題の解決策としては常套手段になってしまっています。ときどき「人を増やすために問題を見つけているのではないか」と思うことも……。

　なぜ「人を増やす」解決策をとるのか？

　この理由を考えて思い当たったのが、**「マネジメントは『人を動かして』そして『交渉力で』問題を解決するものだ」**という無意識の前提です。

　この「マネジメントは『人を動かし（多くの場合は量で）解決する』という思い込み」は、問題発見だけでなく、解決方法がまちがっていた場合の対処も難しくしてしまいます。

　先ほどの解決策でいけば、人数を１人から２人に増やさなければなりません。つまり、どこからか人を連れて来なければなりません。そうなると、「人との交渉力」が重要になってきます。マネジメントで組織の中で力を持つとされるのは、この「交渉力」だと思います。予算の獲得、人員の獲得、部下の昇給昇格の獲得、自身の提案を通す……などは、大雑把に「交渉力」によると言っていいでしょう。

　もちろん、交渉をおこなうときには、「自分が正しい」ということを相手に認めさせる力が必要です。相手にとっても得になる場合はいいですが、少ない資源の奪い合いなどの場合は納得させることが必要になりますし、駆け引きも必要です。相手がやりたくないことを引き出す際の大前提に「自分が正しい」を持たなければならないのは「正しい」です。

　しかしそうなると、解決策がまちがっていたり、問題の立て方がまちがっていたなんてことになると、次回からの交渉力が格段と落ちてしまいます。

「まちがいを認めることは、マネジメントの能力を下げる方向へ働く」という価値観になっていきます。

　こうして、「解決できる問題だけに対応」し、それがまちがっていても「まちがいだと認めない」マネジメントがおこなわれることになります。
　目の前にある「解決できる問題」だけを相手にすると、当然の結果として、組織・人材・教育・予算も、目の前にある問題を解決することを目的にした発想となります。そうなると、「今、目の前にある資源」の奪い合いがあらゆるところで発生します。そして、各マネージャーたちの仕事が、それぞれ自分たちに有利なように「交渉」することになってしまいます。

> 組織

「解決できる問題」を、**目の前にいる人員**で手早く処理することが目的の組織づくりになるので、「人員が多ければたくさん解決できる」と考え、組織の人員を増やすことが目標になります。組織の質を高めたり、機能を改善することはおこなわれなくなります。

> 採用・評価

　人員には、**今、解決すべき問題（解決すべきと認識されている問題）** を解決できる能力が求められます。また、組織を大きくしたり予算を確保したりするなどに必要な交渉力が基本的に重視されるため、交渉能力の高さが重要な能力とされます。評価にかんしても、短期的な実績を重視するようになります。

> 教育

　公的な資格などにたいしての教育や、一般的に必要となるといわれる知識の提供はおこなわれます。しかし、それぞれの現場で専門的に必要な教育は重視されず、「**既存の仕事を、仕事場でやりながら覚える**」という方法が主軸になります。

> 予算

　目標のほとんどが短期的な問題の解決となるために、予算も短期の目標に対する予算と評価があたりまえになっていきます。

　こうして、全体的に短期的な目的を、手元にある資源を使いこなして達成するマネジメントで手一杯になり、未来に向かうマネジメントをおこなう余裕はなくなってしまいます。これが「解決病」にかかってしまったマネジメントが**自覚なしに引き起こす**問題です。

1-2　未来から逆算して考える

　この問題を回避していくためにはどうすればいいか？
「解決病」への処方は「**未来から逆算して考える**」ことです。
「今すぐ解決できること」という思い込みがあると、問題発見は、現在身近に起こっているものに限られてしまいます。根本的な問題を見つけて解決策を考えていった際には、「今」の技術や資源では解決できない問題にいきあたります。そのときに「解決病」を発症させないためには、「問題が根本的になくなった世界」あるいは「問題が問題とならなくなった世界」を想像して、未来から現在を見るような感覚で問題の解決策を考えるのです。

　こうして時間的に「遠くに大きな問題」を置いて、それを解決するためにはどんな手段を用いてもかまわないと「目的のために手段を選ばず」ととことん考えた解決策は、「人を動かし」「人で解決する」というマネジメントでは得られない答えになることがほとんどです。

「今すぐに解決できない方法を考えたところで、どうにもならない」

　そう思いがちですが、そうでもありません。考えついた「未来での解決策」を実現する方法は、「解決するには『投資』が必要だ」と周囲を巻き込むことです。解決策の中に「未来への投資」というマネジメントを**なし崩しに紛れ**

込ませてしまうのです。

　「解決病」の感染力は高く、大概のマネージャーは感染しています。ですから、自身の病を回避すると同時に、彼らを封じ込めることも重要な点になります。「未来への投資」にもっていく方法を使えば、ほかの「解決病」を抱えるマネージャーがいたままでも、根本的な問題に取り組むことが可能になります。なぜなら、一応、問題の発見者が解決することになる構図となっていますから……（笑）。

　技術者は、今すぐには解答できない問題を見つけるように訓練されます。彼らの生み出す論文や新製品は、実現したとき未来にインパクトが大きいものを見つけ、その世界から得られるものの大きさを提示することによって、取り組むための投資を得ます。かんたんに解決できるものほど価値は小さい（取り組むことで得られるものは少ない）と教えられます。

「今の状態を前提にどうすればいいか」ではなく、
あるべき未来になるようにするにはどうするか。

「解決病」を克服する処方箋は、そうして技術者が問題を見つけて、取り組むための投資を得て、未来の問題を解決していく手法と同じなのです。

1-3　マネジメントの目的は「現実に変化を起こすこと」

　忘れてはいけないのは、過去は変えられないということ、そして未来は変えられるということです。

　現在というのは、過去と未来の狭間にある、**どうにでもなる柔らかな粘土**みたいなものです。手元だけを見て、行く先を見ずにいると、どんどん変えようのないものが固まっていくばかりで、同じことの繰り返しになってしまいます。遠くを見て、現在の形を変え続けていれば、過去と違った形の未来を作っていけます。

　マネジメントは、未来をどうにかするための**技術**です。すでに確立された

正解のある、変更できないものではなく、ほかの技術と同様に「仮説」「計測」を繰り返しながら自身の問題点を改善し続ける、発達途中のものです。つまり、マネジメントという技術そのものも、未来に向かって変わり続けるものなのです。

　変化するのはあたりまえのことです。世界が良くなっていくということは、「未来から見れば**過去は常に劣っている**」ことなのですから、今のまちがいなど気にすることなく、試し続ければいいのです。

　マネジメントの目的は、**現実に変化を起こす**ことにあると思っています。変化の向かう先が「遠い未来からの逆算」ならば、多少の紆余曲折があっても、大きなまちがいにはならずに向かうことは可能です。

　現実を変えるには、量を解決するだけでは足りません。そこに必ず**質の変化**が必要になります。質を変えずに、今いる人間の量でなんとかしようとすると、マネジメントは「人を動かし量で解決する」という思い込みにたどりついてしまいます。

　これ以降の章では、質を変えるための試みとヒントとなる事柄をお伝えしていきます。

第2章

理想を描いて
余裕をつくる

ここでは、社員を集めて技術者に育て、20〜30名の組織まで拡大したときの話をします。
　組織の目的は技術サポートで、最初に配属された社員2人は経験者ではなく、これから育てることが前提でした。
　技術サポートをおこなうような組織づくりの話など、当時人から聞いたことはあまりありませんでした。私はそれまで、小さな会社で経営にかかわりながら、商品の注文や在庫管理などの業務で使う画面や、ユーザー企業特有の業務処理を支援するソフトウェアを作る開発者たちの組織を作った経験はありましたが、深く考えてはいませんでした。

　組織を作るときに、まっさきになんとかしないといけないのは、自分自身の心の持ち方です。それまで技術者としてシステムを作り上げていく際に、**「こうであったらいい、こうであってほしい」を現実と思い込んでしまうこと**の怖さは身にしみていました。まず現実を受け入れて、未来の計画を立てるしかありません。

- うまくいくか、失敗するかは、大雑把に50%の確率で、表が出るか裏が出るかくらいのものでしかない
- 仕事は頼んだほうにも責任がある
- 今現在ないものを作るのだから、失敗しても今より悪くはならない
- だれかがやらないといけないから任命されたのであって、実績があるから任されたのではない
- 結局、後から振り返れば、「できることはできてる」し、「できないことはできてない」

　何かを担うときには、たいていこんな感じで考えるようにしています。そうすると、変なプライドも湧かないし、「自分自身」と「やらなきゃいけないこと」や「決断しなきゃならないこと」を切り離せるので楽です。

2-1 何が問題か？ 何を目指すべきか？

「技術的な能力を向上し続けながら、組織としてのアウトプットを維持するには、どんな考え方を導入すればいいのだろう？」

　まずは問題意識として、これが浮かび上がりました。
　技術サポートの組織ならば、他部門の問題を解決するのがアウトプットです。しかし、アウトプットを出しながら部員全員の技術的な能力を向上することも必要です。
　技術的な能力は、必ず個人差が存在します。特に、技術サポートのように問題を自分で見つけて解決していかなければならない場合は、技術力を問題解決に使えるかどうかで大きな差が出ます。
　大学までは、問題は与えられ、どうやって解決するかの訓練に重きが置かれます。与えられた問題には「正解」があり、解決できると無意識に刷り込まれます。しかし、大学院から博士課程になれば、自分で問題を見つける能力が求められ、問題をきちんと他人に説明して論理的に解決する訓練がおこなわれます。問題の解決策を見つけることができない例も経験することになるでしょう。こうした基礎的な訓練を受けていた技術力の高い人間は、技術的な問題の解決能力が高くなります。
　能力に差がある場合、外部からの評価を得たいのならば、能力の高い人間にフル回転で働いてもらうことで速く結果を出すのが、生産性が高く、効率のいい"正しいやり方"のように思われます。あるいは、かんたんな問い合わせは能力の低い者に振り分け、難しい問題を能力の高い人間に割り当てて、余力があればかんたんな問題も能力の高い人間に片づけてもらうという方法も考えつきます。
　しかし、私はこれらの方法には納得することができませんでした。なぜなら、これは将来成長していく組織の力のつけ方になっていないと思ったからです。

往々にして、担当者の力のバラツキがサービスを受ける側へあからさまになってしまうと、能力の高い人たちに要求が偏ります。また、担当者個人の持っている技術力によって、組織として提供するサービスの質の差が大きくなり、問題が起こります。つまり、たまたま割り当てられた担当者の持っていた個人の力が基準となってしまい、組織としてのサービスの基準を受け入れることができなくなってしまいます。その結果、「技術者個人を指名する」ような動きが多くなり、人に仕事が固定され、組織で仕事をすることができなくなってしまうのです。

　そうなると、技術者も個人でスキルが閉じてしまいます。結果として**属人化**し、できる人間には「**俺がやればうまく速くできる**」という優越感となり、部員間の相互補完の促進ではなく非協力的な関係が生まれやすくなります。

　何より、これでは、今持っている力でこなしていくことによる自然発生的な成長に頼る結果となり、継続的な学習と教育の機会によって成長が実現する仕組みとは言えません。

　そのような事態になることを避けつつ、個々の能力を伸ばす時間も確保したい。

　できれば、お互いが技術力を伸ばす手伝いをすることが、それぞれへのリターンへつながるようにしたい。

　これを実現するために、次のことを組織の核に置こうと決めました。

- アウトプットは組織の時間の総和でコントロールする
- アウトプット量を最大にすることを目指すのではなく、安定的にアウトプットできることを目指す
- 「技術者を養成すること」を仕事の中に明確に組み込む

　これらを実現するためにしたことをお伝えします。

2-2 アウトプットは「60%」の力でおこなうこととする

　通常は「最大限の力でアウトプットする」という考えになるかと思います。いわゆる「頑張る」ということでしょうか。しかし、それでは、今ある力を消耗し続けるだけになってしまいます。また、個人も組織も、学習と成長に自分たちの時間を割くことさえできません。

　そこで、**アウトプットを個々の力で測るのではなく、全体の力の総和の割合で考える**ことを基本にしました。

　個人の力と時間の配分も、割合で同じように考えるようにします。だいたい「60%」くらいの時間で終わらせられるようにしていない人間には注意して、評価しないということを鮮明にします。

　これにかんしては、戸惑いや「納得できない」という批判も受けましたが、納得してもらうことよりも行動として実現することを最優先して進めてしまいました。

　担当している個人をサービスを受ける側からは極力わからないようにして、1つの問い合わせでもグループを割り当てて対応するようにすることで、アウトプットの質を平均化させます。当然、たとえば問い合わせと回答件数などをチェックし、自分たちの生産性を測っていきます。

- その都度、複数のメンバーをアサインする
- 問い合わせ先とのやりとりの記録を残す
- 調査の記録とそこから得たナレッジのまとめを残す

　この一連のことを必須とすると、グループでの担当は自然とできるようになっていきました。

　自分たちの財産となるナレッジをまとめ上げる時間を確保することにも、大きな意味があります。記録とナレッジがあることで、担当者を途中で交代させることも、時間経過とともにスムーズになっていきます。技術サポート

の問い合わせの60%くらいは、ほぼ初歩的な問題の繰り返しに集約されます。1つの問い合わせを共同で処理し、回答の記録をまとめていく経験を積むことで、問い合わせに対する回答の速度は上がっていきます。一見、かんたんな問題に見えるものにも、じつは違う問題が原因として隠れているケースがありますが、ナレッジを溜めて共有し、実際の経験をグループで積むことで、問題への考察も深くなり、対応の質も上がっていきます。この記録は、生産性の測定だけでなく、組織的な対応をとっているかの検証にも使えました。

　それまでの仕事では、「頼まれたからやらなければ」という義務感や責任感と、「感謝される」あるいは「非難される」という正と負の感情を元に、個々人が精一杯の対応をおこなっているのが現実でした。それを重荷に感じていた人の場合、このような方向転換は、素直に受け入れられていったように思います。

　過剰にサービスをおこない、自分自身の満足感や個人への評価を優先しようとする人の場合は、"抑えこまれた"感があったようです。しかし、技術サポートの記録を残していくと、解決できないままで終わる問い合わせや、問い合わせ側が放置するものなどもたくさんあることがわかってきます。そうなると、1つ1つのケースにこだわるよりも、組織の仕事として安定して応対できるほうが、たくさんの要求に応えられることが実感できたのではないかと思います。

　60%でのアウトプットを安定して継続するのは、それほどかんたんなことではありません。むしろ、際限なく力を振り絞り続けるほうが、長続きも安定もしませんが、かんたんですみます。しかし、当たり外れのある「ガチャ」を引くようなバラツキのあるアウトプットではなく、安定した予想できるものを提供するために、「サービスとしての単独のアウトプットだけがすべてではない」ということを価値観としてはっきりとさせたのです。また、サービスのための時間を「限りあるもの」と意識してもらうことで、時間に対しての生産性を上げることを無意識下に置く効果もあったかもしれません。

2-3 技術の底上げと訓練に「20％」を使用する

　サービスのアウトプットと時間を割合で考えることにした狙いの中には、**個人の能力の絶対値を上げることで、サービスのアウトプットの絶対値が上がるという循環**を意識してもらうこともあります。これは、ある意味、継続してサービスを提供し続けることを暗に理解してもらうことにもつながります。

「現時点での技術力で60％でできることをおこないながら、時間とともに個人の能力を伸ばしていくことで、全体の絶対値を上げ続ける」

　それを目指すわけです。
「20％」というのは、とくに根拠があったわけではありません。ただ、当時、Google社での「好きに個人で開発に当てていい時間」というのがこのくらいのパーセンテージだったので、ヒントにした部分はあります。いずれにしろ、「きちんと学習することは、自分たちの仕事に必要なことで、仕事そのものだ」と明確にすることが必要だと考えていたのです。

「絶対値を上げることで、割合が同じでも、アウトプットの総量と質は向上する」

　これを明言することで、学習や訓練に対しての迷いは減らせたと思います。
　しかし、「20％」を学習と教育に向けるのは、管理する側も大変ですが、個々人の努力もかなり必要です。たとえば、10日のうちの2日は学習と訓練へあてることになります。1日8時間働くなら、だいたい1.6時間は学習へあてることになります。
　ここで重要なのは、それを**組織の目標として明確に定めた**ことです。そして、その理由づけとして、**現状の力は低いことを認め、そこから成長するこ**

とが仕事と位置づけました。

　当然、教育と学習には自己研鑽と自習も入りますが、組織として仕事時間中に訓練をおこないます。訓練の内容を考えたり、作成したりすることもまた、技術力の底上げにつながるからです。

　技術研修などへ行く時間も、この中から出すものと考えていました。そのため、技術サポートの回答で多少の遅れが出るとしても、それを理由に研修を止めたりはしませんでした。こうして、研修に行くことをまわりが支えることで、研修の成果を当然発揮されることが望まれるようになります。また、その成果を仲間が示せば、「自分も同じように研修などで能力を身につけよう」となります。

　対外的な権威をつけるために、資格の取得も目標にしました。たとえば、ベンダーと意見が食い違ったときとか、部署外の技術者へ要求をしたりするときの信用度の問題を解決する助けにするためです。もちろん、資格の勉強そのものにも意味はありますが、それよりも本人の自信と周囲へのブランド力のほうが大きいと思っていました。

　これには副作用もあり、「資格試験などのノルマが厳しい」とか「資格を取れないと組織の中でいづらくなる」というような噂が立つようになりました。そんなことはなかったと思っていますが、たまたま優秀な人材が多かったせいか、初期の頃はほとんどのメンバーが難しい試験に１回で合格していくので、チキンレースみたいな息苦しい雰囲気ができあがり、そのせいでそんな風に見えていったのかもしれません。

　技術サポートの場合は、対象となる製品ベンダーによって高難易度の資格が存在します。サポート業務を商売としている１次取次店などは、その資格をどれだけ持っているかによって、自社の技術力をアピールします。製品ベンダーも、高難度の資格を保有している技術者が多いところへは特別な注意を払ってくれるようになります。こうした数値化しやすい資格は、技術サポートならではのわかりやすい目標と実績となりました。

ここでお伝えしたような考え方は、ほかから見るととても理解しにくかったようですし、「毎日仕事で勉強している」というのも理由がなければ辛いだけのように見えたかと思います。しかし、はじめに「なんのために」と考えた中で目標とした、「自分たちの発言に力を持たせるブランド」という意味では、かなりの効果を発揮しました。ペーパー試験に関しては、即効力はないですが、「教養」としての下地と「共通の言葉」を作るという効果はあったと思います。手を動かしておこなう実地型試験の場合は、やはりそのあとの実際の仕事の中でも役に立っていったものが多かったです。

　試験を続けていくうちに、受かった者から受験者に対してアドバイスや勉強法のフィードバックなどもおこなわれるようになったのは、後述する「コミュニケーション」を取るために時間を使うという実践として有益でした。

2-4　残りの「20%」の使い方

残りの「20%」は何に使うのか？
これは、平常時と緊急時で異なります。

①平常時は「共有」のために使う

　集団として60%の力でサービスを提供し続け、20%を成長するための学習の時間として確保するには、個人からの情報共有やスキルの再利用などが必須となります。それができていないと、結局、属人性が強くなり、個々の情報量などに差ができてしまい、組織の平均値を維持することなどできません。

　集団での訓練をおこなう中で、お互いの技術力の差などを理解できる下地は作れます。ただ、学習時間を確保するためには、自分が離れていても問題の解決は進むようにしなければなりません。そのための資料づくりや、問題の進捗の管理、定型的な分析や収集ツールの作成、コミュニケーションのための顔をつきあわせての打ち合わせなど、必要なことは、はっきりとした時間配分まで目標とすることで意識的に進められるようになりました。

　最初に定義した「60%」で組織の力を維持するために、力のある人間は少

なからずマルチタスクを求められることになります。具体的には、複数の問題の解決を手伝うことと、難しい問題の解決に時間を貸すことです。それをなるべく減らそうとすると、複数の問題で共通する「作業」「ヒント」「解答」などを、自分がいなくても、今より少しでも短い時間で自力解決できるようになるための「仕組み」を作っていくことになります。

　そのためには、時間が必要になるのです。そして、仕組みは「一度作れば終わり」というものではなく、自分と組織が成長していくにつれて修正し続けていくことになります。

　特に、技術サポートでのＱ＆Ａの記録と、それを解決したあとのサマリーをまとめたナレッジは、経験を積むごとに有効な財産として積み上がっていきました。もし、問い合わせへの対応を終わらせただけで済ませるような時間の管理をしていたら、いつまで経っても全体の底上げにはならなかったでしょう。このあたりは、既存の技術サポートをおこなっているベンダーから事前に学ばせてもらっていたのも大きかったです。

②緊急時に投入する

　新規開発などの納期を決めたプロジェクトの技術サポートをおこなう場合などは、納期が近くなると段々余裕はなくなりますが、基本的に先のスケジュールがわかっているので、緊急的なものを回避する努力ができます。問題は、突発的に発生し、いつ解決できるかすぐにはわからず長期化するケースです。

　願わくはそうあってほしくはないのですが、この突発的なケースが複数同時に発生してしまうこともあります。残念ながら、それをコントロールすることはできません。そのようなときに、残りの20％を割り当てるように考えました。

　つまり、「今」対応している緊急の対応のものが、「今」対応しなければならないすべてのものだという確信を持たないまま、リソースを割り当てなければならないのです。この状況を頭に常に入れた場合、どんなにプレッシャーがあろうと、「力を使い切ることは許されないことだ」という事実を頭から

消してはならないと考えていました。

なので、この「20%」を利用している間も、教育と学習で利用している「20%」は止めませんでした。たとえば、研修などで外出している場合、研修後に帰社してもらうようなことも求めませんでした（大きな緊急の問題を解決することは、優秀な人間には学習よりも魅力があることも多く、知らないうちに参加していることがあり、それは困りものではありましたが）。

いずれにしろ、緊急時の難しい問題に対応させる担当を「現時点で最も能力の高い技術者にはしない」ことに努力しました。多少力に不安があったとしても、将来のことを考えれば、今対応に時間がかかるメンバーにこそ経験してもらい、それぞれの技術力と組織としての総合力を上げるしかないのです。その機会を極力止めないことが、将来の緊急時のための方策です。えてして、はじめて困難を乗り越えたときほど、経験値のデータ化と共有には取り組むものです。

技術サポートで緊急対応で呼ばれるケースだと、サービスの事業への影響が大きいため、関わる他部門の人間も管理職で上級職が増えます。そのなかで、最初は頼りなく見えても、何度も経験する中で成長していく姿を見せると信頼されていきます。そういう例が何人も増えることで、組織全体への信頼も上げることができます。「××さんを出して」という指名でないと嫌だという要求も取り下げていくことが可能になります。

残念なことに、緊急時の「20%」でも足りず、すべての力を注がなくてはならないときは、初期の頃を除いても数回ありました。そのときには、管理者たちとしては、「この事態はあってはならないことで、管理の失敗である」という意識を持つようにしました。全力投入は、管理者としては、ある意味快感を伴うものなので、それを良しとしてしまうと、乱用を始めてしまうからです。「全員で夜も寝ないで解決にあたっています」という姿勢は、それだけで周囲の信任を得ることができてしまいます。そこでの一体感のようなものも、管理者に満足感を与えます。しかし、それは継続性のない、「今しか考えていないマネジメント」です。

時間というのは、絶対的な有限の資源です。人というのも、絶対的に有限の存在です。リソースはすぐには増やすことはできず、割り当てることしかできないということをいつでも肝に銘じて、安易に資源を浪費しないのが最も大切です。そのためには、「余裕」をどれだけ作った状態でいられるかが鍵となります。そのためのやり方の1つが、この「60%」「20%」「20%」という割合の配分と、それぞれの目的の作り方だったのです。

2-5 マネージャーになっても技術は追いかける

　マネージャーである自分のリソースをどう使うかについても考えました。

「マネージャーになったからには、コマンドなんて叩いている場合ではない。マネジメントには、そんなもの必要ない」

　そんな意見もあると思います。しかし、私の場合は「別にプログラムを作っていようが、新しいソフトウェアのテストをしようが、かまわないんじゃないか」と思っていました。当然のごとく、時間があれば新しいソフトウェアの情報を仕入れて、自分で試せる環境を用意して、試行錯誤していました。
　一般的には、マネージャーになると打ち合わせが爆発的に増えて、どうにもならなくなるケースが多いかと思います。評価や承認などの作業も多く発生するので、時間がどんどんなくなっていくのが常です。私も、最初のうちはかなりの数の会議に出席していました。しかし、出席を重ねていく中で

「自分が出る必要のあるものはそれほど多くないんじゃないか？」

　と疑問を抱き、出席する会議を絞り込んでいきました。承認作業や事務的な作業に関しても、できるかぎり権限を委譲し、自分の時間を作るようにしていきました。結局のところ、私にとっては**打ち合わせなどが一番重要な業務ではない**という判断があったので、なるべくその時間を減らして違う時間

に振り分けていました。「会議をすることが仕事」と考えるのは、「交渉こそがマネジメント」と考えている証拠なのかもしれません。

そして、時間を振り分けた先に、**新しい技術を実際に試して動かしている姿をまわりに見せる**ことも入れていました。

技術者がマネジメントをしたくない理由の中に、「マネジメント職になると、技術を追いかける時間がとれなくなる」というものがあると思います。しかし、よくよく考えてみると、マネージャーは自分の仕事の優先順位を自分で決めることができるはずです。ほかの人が技術を追いかけることをやめたとしても、自分がまわりと同じにやらなければならないわけではありません。

自身の仕事の中に技術的なことへの取り組みを入れて見せることは、**マネージャーとして何を重要だと考えているのかをまわりに伝える**方法となります。

とはいえ、そういう新しいものをいじり回している時間が楽しかったのは事実です。まわりからも「好きでやってるだけですよね？」と思われていたと思います。

はじめてOracleをいじったのは、1997年のOracle7 Server for Windows NTでした。そのときは、だれも扱ったことのない製品を夢中になって泣きながら1人で扱っていましたが、「楽しそうだね」と言われていたのを覚えています。データの処理にRDBMSではなく分散処理が必要になると思って2009年からApache Hadoopを学び始めたときも、内外問わず技術者の人と一緒に、時間があれば自分1人でも、短時間であっても没頭しました。OSSのSparkを見つけたときは、ニューヨークのカンファレンスへ部下と行き、会場とホテルを往復し、ホテルの部屋でインストールとテストを繰り返しながら、別の部屋で同じように試験を繰り返していた部下とチャットしていたのを思い出します。帰国後「どこにも行かずに何やってたんですか？」と同僚や部下や外部の技術者からも呆れられました。しかし、それが楽しかったんです（笑）。

とはいえ、マネージャーでありつつ技術を理解しようとすると、気をつけなければならないこともありました。それは、**技術者たちの邪魔にならない**

ように行動する**ことでした。自分では何も勉強をせずに、技術者に「説明しろ」と要求するマネージャーの姿はよく見かけていました。そういう風にはならないようにしないといけません。それには、どうすればいいか？

最低限必要だと思ったのは、**最初は自分1人で学習する**ことでした。「どんな文献を読めばいいのか」「どんな実験をしたらいいのか」などの情報は自分自身で探しましたし、ある程度集めた後に技術者たちと話ができることを確認してから教えてもらったりしました。

一番よくおこなったのは、社外で開催される「勉強会」と呼ばれる自主的な技術者コミュニティに参加することでした。ある程度経ってからは、部下も一緒に連れていき、何回も参加しているうちに部下が「発表もしたい」ということになり、少しですが発表もさせてもらえるようにもなりました。そうやって一緒に勉強会へ出ることで、同じ技術者同士として話す土台も作れていたのかもしれません。気軽に勉強会のようなコミュニティやイベントへ行くのは、技術を学んだり、将来的にどんな技術を採用すればいいかを判断する際の判断材料を広く得られるいい経験になりました。

マネジメントの中に、「**技術を学ぶにはどうすればいいのかの『ディスカッションの材料』を提示していく**」ことを入れてしまっていいのではないでしょうか？

技術者をマネジメントするうえで難しいことの1つは、彼らに対して「マネージャーは技術をわかろうとしている」という安心感を与えることです。もし「技術をリスペクトしていない人」という評価が芽生えてしまうと、何もかもがうまくいかなくなります。**マネジメントをする人間が学ぶことを楽しみ、社外に対しても技術者としての交流をオープンにおこなっているという姿を見せられる**ことは、技術者に心理的な安心感を少しでも与えられたのではないかと振り返っています。

数は少なかったですが、上場会社の役員クラスの人でも、勉強会のコミュニティになんでもない顔をして参加しているのを何度か見ました。若い20～30代でなくても、マネージャーやエグゼクティブでも、そうやって参加して学んでいる人はいます。マネージャーになったからといって「技術を追いか

けるのをやめなきゃいけない」ということはないのです。

「マネージャーになったんだから、そんな黒い画面を開いてないで、ほかにすることがあるだろう？」

そんな言葉に耳を貸す必要はないということは、自信を持って言えます（笑）。

Column 進捗は塗り絵のように面積で考える

　計画を達成するための進捗管理はマネジメントの中でも大きな仕事ですが、ずーっと考え続けていたことがありました。それは、完成の日付を点として設定して線上で管理することの弊害です。そして、それと対になるものが、完成日までにどれだけ進んだかを現す「進捗率」です。

　この考え方は、すべての問題が「時間×工数」で達成できるような誤解を招きます。しかし、実際のところ、高難易度の問題は解ける人材やハードウェアもしくはソフトウェアが見つからなければ解決することができないケースがあります。

　また、納期が先にある作業は、納期の近くになるまでは着手しないことがめずらしくありません。この行為のことを私は「学生症候群」と呼んでいます。夏休みの宿題を夏休みの終わりが目の前に来るまで終わらせられない状況です。じつは、私も子どもの頃はこの行為の常習犯だったので、恐ろしさは身に染みているというわけです。

「開発の進捗が思わしくないときに、インフラ整備を急がせて、全体の進捗率を稼ぐ」というやり方も見ました。これは、私がインフラの管理者だったので気づいたことです。わかりやすい例で言えば、大規模なテストをおこなっても意味がないほど開発の進捗が悪いとしても、予定どおりもしくは前倒しで大規模テストのための環境整備を終わらせること

ができれば、全体の進捗率を上げることができます。結果として、使用されない環境ができあがり、維持されるわけです。最悪のケースだと、開発の問題を解決するために別のインフラを用意しなければならないことが新たに発生して、作り直しということになります。そして、進捗率的には「インフラの進捗が遅れている」と言われてしまったりします。

こういうことを経験しながら、プロジェクトマネジメントのプロと言われるコンサルティング会社の人たちの仕事も見ていましたが、上記のような問題を解決する方法を持っている方には、私の狭い経験では会うことができませんでした。そこで、自分なりの方法を考えました。

マネジメントするのは納期ではない

まず基本となるのが、「進捗をマネジメントすることは、納期をマネジメントすることではない」という考え方です。

納期は、往々にして「結果として約束させられたもの」であり、それを前倒しすることは許されても、後ろへずらすことは許可されません。ごくまれに納期が伸びることがありますが、そのときは「財布の紐が硬い金庫番からもらった貴重なおこずかいだ」と認識するのがちょうどいいです。

では、いったい何をマネジメントするのでしょうか？

それは、「その期日までの仕事の量」です。

「あと何日残っている」というのは単純にわかります。では、「あとどのくらいの仕事の量が残っているのか」はわかるでしょうか？

全体の仕事の量を面積のように考える

期日までの仕事の量を把握するにあたり、仕事の全体量を面積のように考えて管理しました。できあったところを塗り絵のように埋めていくことで、仕事量を把握します。

埋めるのが難しい場所は、前もって目印をつけておくようにします。特に難易度の高い部分は、平らではなく「深く穴が空いている」ような

感覚です。穴の分だけ「埋める時間」がかかるということです。

　これで、作業の量が増えたり減ったりしても、あとどのくらい残っていて、その中で難しいのが理由で残っているのはどれだけあるのかをざっと俯瞰することができます。

先にやっても後戻りが起きる作業を区別して、時間の浪費を防ぐ

　同時に、納期より先にやっても後戻りが起きるものに区別をつけておきます。「柵でまわりを囲んでおく」とか「そこだけ色を変える」といった感じです。

　納期より先にやっても後戻りが起きる仕事とは、たとえば開発の完了具合で規模や種類が変わってしまうようなものです。リリースを想定した「最終テスト」に必要なサーバー、ネットワーク、ストレージなどは、開発が見積もった必要な性能と規模のままならいいですが、大概はそれを上回る規模になったりします。致命的になるのは、物理的に拡張する

ことができないのに、量を増やさなければならなくなった場合などです。すでに利用している状態から移設をするとなるとそれこそ多方面に影響が出ますし、なにより予定外の作業で大幅な時間とお金を消費してしまいます。「そんなもの、クラウドなら問題にならないのに」と思うかもしれませんが、クラウドであってもこの上振れを吸収するのはかんたんではないようです。お金と資源は有限ということですね。

この区別をつけたものに関しては、線表でほかの影響を受ける問題の解決具合を確認しながら、作業のタイミングと内容の変更を準備します。「ほかの準備ができるまでは手をつけなくてもいい」と分類することで、手戻りという「時間と人的資源とお金の節約」が可能になるのです。

先にやれるものを片づけて、「時間の在庫」を作り出す

線表で時間を軸に予定を提示していると、どうしても順番に片づけることが優先事項に思えてきます。そして、先に片づけるべきものの予定が遅延すると、その遅れを取り戻すことが最優先になってしまいがちです。

しかし、作業の量を全体で俯瞰できていると、量が多いものを手当たり次第に片づけるほうが早く仕事が終わるという気になります。しかも、かんたんに片づけられるものから終わらせるのが効率的だということもわかります。

そうして「線表」の呪縛から離れて、片づけられるものから片づけておくと、結果として「時間の在庫」が生まれていることに気づきます。

線表から見ると、空白の時間が生まれるわけです。しかし、線表ではなく面積で量を捉えている限りは、残りの量をこなすための時間が増えたという認識になるはずです。

元々予測されている「難易度の高い部分」に対応する時間の在庫を作ることが、予測できない未来に対応する数少ない支えになりました。

第3章

部下は思いどおりに動いてくれない

技術者として働いていた頃、覚えたいこと、身につけたいことがたくさんあり、そのためには自分1人で本を読んだり、考えたことを試したりする時間が必要だと思っていました。部下を持ったり、だれかと関わるということは、はっきり言ってムダな時間としか思えませんでした。同じように「技術者として学習しよう」という仲間をまわりに持てなかったのも、そういう気持ちを強くした原因かもしれません。

　しかし、当時のパソコン通信と言われるネットワークサービスで情報を収集し、教えてくれる人や尊敬できる人々が見つかったなかで、気づきました。結局のところ、技術を身につけるのに必要なことの多くは、出会った人から得ていたのだということを……。そして、間接的な薄まった情報よりも、直接的なやりとりの中で得るもののほうが大きいことにもです。アウトプットすることもインプットすることも重要だけれど、インプットとアウトプットを同時におこなえる交流は最も重要だということです。

　同僚や部下にしろ、コミュニケーションの時間の中には、ムダな時間もあるかもしれませんが、学ぶことのほうが多かったように思います。きっと、「学ぶ時間の邪魔になる」と強く思った気持ちの中には、コンプレックスがあったのでしょう。単純に言えば「バカにされたくない」ということです。今は、バカにされてるほうが楽だという気持ちのほうが強くなりました（笑）。

3-1　正解はない、だから試行錯誤する

　ある程度の大きさの組織ならば、それなりの数のマネージャーがいて、マネジメントを始めたばかりならば「こうするべきだ」というアドバイスを教えてくれたりします。また、たくさんの本や論文や講演が世の中には溢れています。そこで、迷える子羊は「溺れるものは藁をもつかむ」感じで、いろいろな知識を身につけて正解を知ろうとします。しかし、いろいろ学んだ結果、「**これが正解であるというものは結局ない**」という結論になりました。

　私の結論がはたして正しいのかどうかはわかりません。しかし、私にとっては、「正解はない」という結論を出したことがマネジメントをおこなううえ

での転換点になっています。つまり、「自分で試行錯誤しながら探していい」ということです。技術的な探求をおこなうことと同じです。

　たとえば、意識して笑うようになりました。それは、無愛想で挨拶もろくにしないそれまでの自分の個性としては随分と難しいことでした。しかし、そうすることでまわりの反応が変わっていくことを観測していると、不思議と続けられるものです。そんなこんなで、意識して笑うことを10年以上続けていると、なんと「優しくておもしろい人だ」という評価（勘違い）を獲得することができました。お気楽に見えるようになったのでしょう。

「お前は悩みがないからいいよな」

　上長にそう言われたときは「おいおい」と複雑な気持ちではありましたけれど。
　とはいえ、中身が変わったわけではないので、はっきりと言いたいことを言う態度もなくなりませんから、「怖い人」という印象も同時に広がっていったのも、おもしろい現象でした。
　また、握手をするようにしました。握手は男女問わずにできるので、距離を縮める行為の中では実現しやすいものです。おもしろいもので、握手をしたときの握り返す強さで、職業的な違いがあることにも気づきました。営業系の人は、ほぼ全員が力強く握り返してきます。下手をすると、ブンブン振り回されたりします。技術系の人は、強く握り返さないばかりか、握手そのものをあまりしたがらないくらいの感じで、弱い握り返し方が多いです。単純に私のことを警戒しているだけだったのかもしれませんが。
　異性には当然しませんでしたが、同性に対しては慎重に様子を見ながらボディタッチを意識的にコミュニケーションの一部に入れていました。海外の技術者と仕事をしていたときに

「日本の人はコミュニケーションをとる際に、ボディタッチをする人はあまりいない。何か考えがあってボディタッチを積極的にしているのか？」

と聞かれて、「なるほど、海外の人はよく見ているなぁ」と驚いたことを覚えています。

正解がすでに存在していると無意識に思ってしまえば、知らないうちに**正解を当てる**という考え方になってしまいます。その負の効果をたくさん見てきました。「人に理解できる正解は思うほど少ないのだ」と考えるようになれたのは、今もとてもありがたいことだったと思っています。

3-2 好かれていようが、嫌われていようが、部下は意地悪なテストをしてくるものだ

新しくリーダーやマネージャーとして仕事をすることになると、部下になった人々から、それまでとはまったく違った態度を取られると感じることが増えます。圧迫感のようなものを感じることが多かったです。

「え？　圧迫してるのはあなたで、部下が圧迫されてるんじゃないの？」

そう思うかもしれませんが、実際のところ逆なのです。

正確にいうと、圧迫というよりも"試験"（テスト）に近いものだったように思います。

- 自分の知らないことを聞いたときに、細部まで丁寧には教えてもらえない
- 何かを依頼したときに、「前任者の言っていたことと違います」と言われる
- 変化しようとすると、基本的に拒絶される
- 探るような目で見られる
- 自分のまだ知らないことを聞いてくる

これらは別に意地悪をしようと思ってやっているわけではないのだということは、しばらくしてからわかりました。集団行動を取る生き物の習性なのでしょうか。群れをまとめて方向を決める存在が現れたとき、その存在が自

分たちにふさわしいかどうかをテストする習性があるようです。

でも、マネージャーになりたてのときに、こういうことに遭遇するとひどくショックを受けます。部下がすべて敵に思えてきます。

「自分のことを人間的に嫌いだから攻撃してくるんじゃないのか」

とか、感情的なダメージを受けたりします。なにしろ、一般的に言えば、多勢に無勢、こっちは1人で、部下のほうが数は多いのですから。

この手の恐怖感から、いきなり「そっちがその気なら」という感じで高圧的にふるまう人もいます。そうなると、部下のほうは自分の安全を求めて無意識におこなっているだけなのでショックを受けることが多いのではないでしょうか。お返しとして、こんな感じでしょうか。

- 意識的に反発する
- 意欲を失って従属してしまう
- 表向きは従いながら、全力を決して出さないサボタージュのような態度をとる

技術者の場合、最後のケースが多いように思います。経験的に、技術志向の強い、技術者として自分の力で何かを解決しようとする**手が動かせる**タイプの人は、そういう態度でやりすごすケースを見ました。

自分が技術者のマネージャーとして組織を持ったときに回されてきた部下には、以前の組織でそういう態度をとっていた技術者が多々いました。「こいつ働かないんですよ」と前任者やまわりから言われていた技術者たちです。そのあとの姿を見る限りでは、前任のマネジメントは、彼らの要求を満たすのではなく、自分の要求を押しつけていたのだろうと思っています。

「あんなに働かなかった奴が、自分から働くようになるなんて」

そう言われることも何度もありました。

「人間的なつながりを多く持てば解決できるんじゃないか」とふるまう人もいます。面談や打ち合わせなどを多く持ち、コミュニケーションに努めるのです。職場の仕事だけでなく、仕事外での飲み会やレクリエーションなどを頻繁におこないます。これも、意外と技術者は苦手とする人は多いのではないでしょうか？　知らないうちにマネージャーからの強制力が強くなってきてしまい、不参加とすることが難しくなっていくように思います。そうなってくると、窮屈になります。少なくとも私は、仕事のうえでの能力や成果やコミュニケーションに仕事以外での関係が大きく作用してくるのではうまく対応が取れず、結果的に「つきあいの悪い、変わった人間」という立場を貫くことになりました。

私の場合は、先ほども触れたように「これはテストなんだ」と意識したことで、「テストならいずれ結果が出るのだろう」と考えることができました。そのあとは、とくに親密にもならずに、自分の考えを伝え、わからないことはわからないと言い、まちがったら謝り、批判されたときは納得すれば同意し、納得できなければ反論して過ごしていきました。結局のところ、自分自身を理解してもらうことでしか、マネージャーとしてふるまうことに正当性を持たせることはできなかったからです。

おかげで、部下から「理解するのはかんたんだけれども、おこなうことは難しい、シンプルな正論ばかりを話す厳しい人」という評価になっていったように思います。テストをしてきた相手にしてみれば、「それを言ったらおしまいだけれど、結局できないのに、なんでそんなことを言うのだろう」と不信感を抱いて離れていった人もいます。そういうふうに、お互いが組織として合わないのであれば出て行くのはまったくかまわないということも公言していました。

部下がマネージャーを試験するのは至極合理的なことで、そこでお互いが組織を作るうえで認め合えない場合、別の組織へ部下が移っていくほうがいいパフォーマンスを出すためには必要なことなのだと考えています。ある程度の規模の会社の組織には、複数のマネージャーがいて、仕事の内容も多岐

にわたっているのですから、流動的であるほうが最適化をおこなうチャンスは大きいと思います。部下のテストにすべて失格してしまった場合は、当然マネージャーとしてはその組織を率いることができなくなりますが、それはそれでいいことだと思っています。

3-3 自分の足りないところは公開したほうが解決しやすい

　何やら部下を持つと「いろいろなことを、ちゃんとできないといけない」という気持ちになると思いますが、それは無理です。そういう気持ちは早々に捨ててしまいましょう。それよりも、早めに自分の足りないところをまわりに知らしめたほうがいいです。

　私自身は、事務処理のようなことは非常に苦手でした。そのため、技術職よりもマネジメント的な色合いの強い部下に、組織上の手続きなどをほとんど全部やってもらっていました。決裁や稟議、最終評価など責任を取る必要のあることはもちろん自分でおこないましたが、組織全体の事務職として働いてくれていた担当者には組織のメンバー全員が本当に世話になっていました。スケジュールをはじめとした手配などもやってもらっていましたが、その手のことが苦手な技術職は多かったので、全員が感謝していたと思います。それは、組織の文化としてもいい影響を与えていたと思っています。

　私は、準備ができていて要求されたことを果たせる状態からマネジメントの責任が与えられた経験は一度もありません。まわりを見てもそういう人は見かけませんでしたし、自分が部下に対して何かを任せるときも、「確実にすべてをこなせる状態だから与える」ということはしていません。

　経済学の読み物を読んでいたときに、「比較優位性」という考え方を知りました。ものすごくかんたんに言うと、「自分がまわりよりもうまくできることに集中することで、集団の生産性を高めて、お互いの総和を最大にする」という感じです。良い悪いではなく、正解不正解でもなく、**人はそれぞれ得手不得手という多様性を持っている**ということです。

　技術集団を率いたマネージャーとなったり、技術者を育てたりするときに

は、戦隊モノの考え方が合っている気がします。それぞれ得意な武器があるってやつですね。平成以前のウルトラマン、同じく平成以前の仮面ライダーのような1人のヒーローと、ゴレンジャーに始まる戦隊モノの差でしょうか。

　ヒーロー単独系は、やっぱり自分で特訓などして克服したり弱点を知られないようにしたりで、苦労が多いし、悩みも尽きない気がします。そのぶん、成果は独り占め感があります。システムの設計の現場だと、1人のリーダーがすべてを決めていき、まわりはそれを補佐する人間たち、というスタイルでしょうか。手塚治虫先生のものは、どちらかというと、ヒーロー単独が多いでしょうか。

　それに対して戦隊系は、特訓もするものの、全員の力でなんとかします。あるいは、全員集まって合体ロボで勝つ感じですよね。卑怯な気もしますが、それが力を合わせるということなのだと。大概、そこでおこなわれるアドバイスは、

「1人で抱え込むな！　自分の弱さを補い合ってこその仲間！」

　みたいなものです。そういえば、世界征服を目指す悪の組織は常に集団だったけど、戦いに出てくるボスのキャラクターはほとんど1人ずつでした。
　自分の弱みを隠されてしまうと、まわりはどうやって補ったらいいのかわからなくなってしまいます。マネージャーが自分の弱いところを隠すばかりか、指摘されると否定するような行為をとると、皆が自分の弱さを公開しなくなっていきます。そうなっていくと、組織は「個人」の集まりになっていってしまいます。
　特に技術系の集団の場合は、弱みをオープンにしないことで起きる負の効果が顕著なように思います。きっとお互いの長所と短所を見抜く力が高いので隠していることがバレるのも早いのでしょう。まわりからすれば、隠していることで「不誠実な人間」とみなされてしまうかもしれません。だからこそ、マネージャーが自身の弱みを認めて助けを求めることは、全員がお互いの足りない点を補い合う行為をすることへの障壁を下げる効果が大きいと感

じます。

　結局、自分に足りないところがあることを認めて、お互いがそれを補い合うことで、相手に対する尊敬が湧いてくるのではないでしょうか？　自分ができないことをできる人に対しての価値を認める素直さも、技術者のほうが持ちやすいと思います。

3-4　犬はワンと鳴き、猫はニャンと鳴くのだから、逆はやめて

　今、必要な能力を持っている人間が、常にまわりにいるとすれば、とても幸せなことです。たいてい、いつでも何かが足りません。時間、資金、人数……それでも、今あるものでなんとかしないといけないことがほとんどです。

　そういう状況に追い込まれると、往々にして「今のメンバーで可能なこと」から逸脱して、「必要なのだからできなければならない」という正当化が無意識におこなわれることがあります。そして、部下に対して、各々の特性を無視して、「できないといけないと考えていること」を要求し始めます。

　人間というのは、たとえば「羽が付いている」とか「手が地面につくほど長い」とか「水かきがあり、えら呼吸できる」などの見かけですぐに得手不得手がわかるようにはなっていません。特に、技術的なことを含む内面的な得手不得手は、物理的にははっきりしていないものです。そのため、どんなことでも「やればできる」という思い込みで、マネージャーがやらせることは可能です。そして、「なぜできないのだ」とフラストレーションを募らせるマネージャーと、できないことをやらされるためにモチベーションが落ちていく担当者という哀しい構図が産まれていきます。

「こうしてほしい。かんたんなことなのに、なぜ望んでいるようにならないのか。今、必要なことをおこなうには、あなたに変わってもらうしかない」

　そんな思考にマネージャーが陥るのはかんたんなことです。そして、「育てているんだ」という自己正当化も始まります。

そういう状況のマネージャーを見かけたときには、こう思ってしまいます。

「はい、全部自分の都合ですから、諦めましょう！」

　他人を自分が思うように変えることなどできないと思ってマネジメントをやるのが"科学的"だと思っています。もし他人を思いどおりに変えられるなら、それはもはや「洗脳という技術」ではないのかと思います。

「犬に『ニャン』と鳴け、猫に『ワン』と吠えろ、などと言わないでしょう？　そんなことを、なぜ部下に求めるの？　そんなに難しいことをするのなら、もっと暇なときにでもやればいいんじゃない？」

　気づいたときには、そう話していました。
　どうして、そんなふうに難しいことをしようとするのでしょうか？
　そう、なぜか人は難しいことをかんたんだと思い込んで人に指示することが多いように思います。
「やればできるかもしれない」いや「きっとできる、できてもらわないと困るんだから」というのは、教育とはまったく別のことだと思ってます。教育に関しては、双方に「できていない」という現状認識があり、「できるようになる」ことへの共通の目標を持ち、「そのための方法」を決めます。この場合には、できないことに対するお互いの負の連鎖は起きません。
　とはいえ、できる人がいないのに、やらなければならないこともあります。本来は、できる人を用意するか、ほかの実現可能な代替手段を用意するべきです。しかし、どうしようもない場合は、教育のときと同様に「できない」「できるようになる」「そのための方法」というステップを踏めばいいのだと思います。
　まず、自分と担当者との関係は作れるはずです。それは、引き受けた仕事が「失敗する」未来と向き合うことになるので、心理的にとても難しいことです。しかし、何かをするときには、成功か失敗かどちらかは必ず起こりま

す。それが事実なので、淡々と認めるしかありません。

　もっとも、自分に仕事を依頼した側との関係は、難しいものがあります。きちんと問題点を告げたうえでも、理解してもらえないケースは多いでしょう。しかし、「頼んだほうにも、半分は責任があるでしょう」というのがそういうときの心理的防壁です。真実から目を背けて、希望的観測から人を不幸にするほうが、よほど辛いことだと思っています。

3-5 信用も信頼も、するのは相手ではないだろう

　だれかに何かを任せるときに、信用とか信頼とかいう漢字を使います。「信じて用いる」か、「信じて頼る」か。どちらにしろ、信じるものは救われるのでしょうか。

「信じて用いる」ほうが、私としてはしっくりくる言葉でした。「信じて頼る」となると、どうも、全部の責任を相手に丸投げしている感じがして重すぎる。「頼る」という言葉を使うのは、自分のほうが「庇護者」であり、守られる存在のときだけのように思います。

　人は、他人に対しては無自覚のまま感情に支配されやすい生き物なのだと思います。なので、機械などの人ではないものに対して信用や信頼を寄せてうまくいかなかったときには、当たり散らしはしますが、「自分の判断がまちがっていたのだ」と渋々納得しやすいです。しかし、相手が他人になったとき、「裏切られた」「信じていたのに」といった負の感情を抱いてしまうことが多いです。信じたのはこちらなのに、相手の責任のように感じてしまうのです。

「信頼」や「信用」がおこなわれたときに、事実としてのエビデンスが確実にあり、コントロール可能なものは何だったかと言えば、相手ではなくて相手を信じた自分の判断です。そう考えると、結果がどうであれ、原因は自分の決断とコントロールの問題だけにあるので、そこから学ぶことは比較的かんたんになります。

　感情に流されて、相手のせいにしてしまうと、「あいつに頼んだのがまちが

いだった」などと、ますます自分の問題から離れていってしまいます。感情を落ち着かせることも重要なので、当然そういう言葉で自分を慰めるときもありますし、「人を見る目がないよなぁ」などという会話も交わします。それでも、そこから先に何か役に立つ話があるかといえば、そんなものはないというのが私自身の経験です。

結局のところ、責任の追及というのは、評価の話です。物事を進めるためにおこなった信用や信頼の結果と、**物事が前に進んだかどうかは無関係な**ことです。信用を勝ち取っていた実績のある人間に対してまったく同じことを頼んだとしても、まったく同じ環境というものは用意することができません。時間を巻き戻すことでもしない限り、認識できていないだけで、そのときと今と未来は何かが変化しているはずです。**すべての出来事に完全なリピートはないもの**だと思えば、人間がおこなうことに対する評価の仕方も変わるように思います。未来だけが変えられるものですが、望まない未来も含まれるのはあたりまえなのです。

だれかに何かを頼むのは、自分自身をコントロールする術や自分の判断基準を見直すうえでは、とてもいい実戦です。

3-6 属人性も人材の流失もリスクの１つにすぎない

ある程度の大きさになった情報システムは、属人性が強くなる傾向にあります。属人性が問題にならない仕事として工夫することが可能なものも多いですが、難しい技術を利用した部分に関してはどうしても人を選びます。その場合、外の会社の製品を利用したり、その技術に強い外部の人と契約したりしますが、外部に依存していると考え始めると、社内の人材で置き換えようとします。いわゆる「内製」と言われるものがそれに当たります。

しかしながら、外で難しいものが社内の人間にとってはかんたんだというケースは、自社の事業がそれを売り物にしているのでない限り、ありえない話です。社内で内製をした場合であろうと、ある特定の人材に頼るしかない部分が生まれてしまいます。

「だれかがいなくなると、とても困る」

　そう感じるのは正常だと思います。特に、1つの会社内で転職などは考えることもなく長く勤めたマネージャーには、その感覚は強いのかもしれません。あるいは「自分のために部下が存在している」と思っているリーダー的な立場の人も、理由はいろいろあるとしても、部下がいなくなることへの拒否感は強い気がします。
　しかし、他人の仕事に対する取捨選択を自分の都合でどうこうしようということは、そもそもまちがっているというのが私の考えです。もともと私は極端な考えをするので、明日生きている可能性が100％ではないのならば、辞めていなくなるのも死んでいなくなるのも失うことには変わりはないと思っています。
　マネジメントは、将来に対して起こりうるリスクの管理をどれだけやれるのかだと思っています。とすれば、起こりうるリスクに対して、希望的な自分の思いを排除して、「起こりうる事実」として考えておけるかが重要なことです。起きてほしくないことの中には、たとえば惑星が落ちてくるとか、宇宙人が攻めてくるとか、もはやどうにもならないし、今のところ出会わなさそうなこともあります。そういうものに比べれば、属人性のある仕事をしていた人間がいなくなるなんていうのは、特段驚くようなことではないでしょう。
　災害対策のようなものには、一生懸命に対応をしていると思います。しかし、今の仕事の中で、できる人がいなくなったときにどうなるかの訓練はやらないですよね？　これは、意外と不思議だなぁと思っていました。いなくなった後を想像することは、頭の中だけで、いつでも可能です。
　できる人がいなくなったときを想像すると、「解決策がない」という事実を突きつけられることにもなります。そうやっていると、とても苦しくなります。不安定な状況にいるということを、今何も起きていないのに体験しなければならないのですから。しかし、生きている時間の中で、ほとんどの時間

は不安定です。結果的に安定しているようなことしか過去に「起こらなかった」だけ、「運がよかったのだ」と思えるようになると、逆に世界へ感謝する気持ちになれて楽になるかもしれませんよ（笑）。

そうして、解決できている未来を想像しながら問題を考える癖をつけることが、厳しいリスク問題を考えるストレスにも慣れるやり方だと思います。

3-7 組織で生かしにくい技術者の３つのタイプ

人を生かすには、その人が「楽に貢献できること」が、組織で足りないところに「はまる」かどうかが大事です。化学反応式のように、ちゃんと合体（できれば相乗効果）できないと、核爆発みたいになったり、バラバラになって、組織にならなくなります。それぞれの個人の力で仕事を抱えることになり、ぱっと見は安全そうでも後で爆発する見えない地雷を埋めてしまうことになります。

一般的には、ある程度の人数がいれば何かしらの「はまる」ものは見つけられることが多いです。ただ、それが本人の納得のいくものとは限りません。自己評価と合わずに不満だったり、すでに獲得している報酬に見合わない評価の役割だったりする場合は、その人の力を生かせる別の部署へ移動してもらうことが自分としては普通の感覚でした。

とはいえ、発展途中の技術者の集団の中で新しく入ってきた人材（ほぼ別部署からの異動でした）に「はまる」ものを探すのは、なかなかに窮屈でした。これは、自分の預かったのが売上をあげる直接部門ではないことも影響していたと思います。

ほかの部署から異動してくる場合、その時点で技術力のある人間ではなく「技術力があると思われている人」もしくは「技術を身につける意思がある人」が多くなります。そのため、教育しながら仕事をこなし、なおかつ結果も出さなければならないことになります。しかし、受け入れる組織のメンバーは技術力のある（もしくは技術を身につける準備のある）人間だけではなかったのです。

そのとき、第2章でも触れたように、**自分自身の力を発揮することが一番なのではなく、組織の平均のレベルを上げることが大切だと理解できるか**どうかが鍵となりました。ここが理解できない場合は、組織の中で技術者として生かすことができませんでした。

どんなタイプがダメだったか、3つほど挙げてみます。

①自分だけで問題を解決してしまおうとするタイプ

これは技術者に限りませんが、能力が高く、仕事をすることに対しても意欲があり、問題の解決能力も高いが、常に自分の能力だけで解決しようとするケースです。このタイプを外すことに関して、直属のマネージャーの抵抗は大きい場合がほとんどです。一般的には"頼りになる人間"とされるからです。

マネージャーとしては、その人間に任せてしまえば、自分は何もしなくても問題を解決することが可能です。ただ、注意してみると、**その人間の解決した問題は常にその人しか解決できない状況**が作られています。そして、まわりの人間は、その問題を自分で解決する能力を身につけないままでいます。というよりも**手を出してはいけないその人の領域**という不文律のようなものができてしまうことが多いです。極端な話、わざとだれにでもできないように複雑な仕組みを作り上げておいて、「自分たちの仕事がなくならないためだ」などと話している場合もあります。これは極端なケースではありますが、「能力の差」のように見えることも多いので、注意が必要です。

②最新の技術を追いかけるタイプ

このタイプの場合、最新の技術ではないことをやらされると、急速にやる気（興味）を失うケースがあります。また、そういう技術を追いかけていないことを馬鹿にする態度を取ることも多いです。

たしかに、技術者としての欲求として、新しい技術を追いかけることは必要です。しかし、求められることはあくまでも**抱えている業務を進めていくうえでの問題を解決できるかどうか**です。そのうえで、新たな技術を導入し

て解決するとしても、導入後に運用し続けることができる組織をどう作るのかまでを含めて考えながら進めなければ、一時的には問題が解決しても、未来においてはだれも手に負えないものを残すことになります。

このタイプの場合、継続的に新しい技術を利用した概念実証（PoC）をお願いすると喜んで受けてくれます。しかし、個人的な欲求としてそれを導入したい場合、はじめから導入がおこなわれることを前提で試験に臨むことも多く、実際のケースに準じた結果報告にならない場合もありました。このような、いわゆる**目的と手段が逆になるタイプ**は、技術者集団の一員として組織の中で生かすのは難しいと感じることが多かったです。

③技術的な好奇心を満たすためにいつまでもやめないタイプ

たとえば、事業の規模が拡大したために既存の設備では能力不足となり、新しい機器を購入する準備として性能検証する試験があったとしましょう。この場合、検証目的の中には「製品の最高性能を割り出す」ということも含まれています。それを試すのは、技術者の好奇心をとても満たすものだと思います。しかし、性能の最高値を出すことにこだわると、いくら時間があっても足りない状況に陥ることもままあります。大概は、どこかで性能を伸ばす手段が見つからなくなるわけですが、そうではない状況を作り出せると楽しくなって止まらなくなります。

それでは困るわけです。あくまでも、一番の目的は**問題を解決するために必要な能力はあるか、将来の負荷の増加に対して想定される年数の余裕は持てるか**を確認することなのが、現実世界の暗黙の了解だったりします。たとえいったんは「おおおお！」とハイになったとしても、このあたりを飲み込んで手を止められないと、本来の必要な業務の時間が削れてしまうことになります。その製品を売り込む技術系のコンサルタントやサポートの人間とは目的が違うのです。しかし、メーカー製品のベンダーの技術者のなかには、自分の要求を満たすためにユーザーを誘導するケースもあり、気をつけないといつまでもテストをやろうとしてしまいます。

挙げた例に共通しているのは、**組織の目的や相互の能力の向上より、自身の興味と力を優先する傾向が強い**ことです。

間接部門の中で技術者を抱えるミッションの中には、技術者を育て、増やしていくことが必須であると思っています。外部から高い技術力を持った人を社員として迎え入れることが難しい状況の中で、増員された人のレベルは低いことが常であり、同じ仕事の中でも決して少なくはないレベルの差が混在します。その中で、高いレベルの人間が腐らずにレベルの低い人間を教育することを可能にするには、教育する側にもメリットがあるようにすることはもちろんですが、それを受け入れやすい価値観を共有できていることが大切になります。

集団のレベルと個々のレベルの中央値を上げていくことを組織の技術力の総合的なバロメータにすることに同意してくれさえすれば、人づきあいが良くなかろうが、挨拶ができなかろうが、いわゆる常識が通じなくても、まったく問題はありませんでした。

Column 新しい世界の布教とこれまでの世界の維持も大切な技術

特定の分野において、ほかの人間よりも「飛び抜けて」優れた結果を残す人間は存在します。いままでにない事業を起こしたり、業界のルールを変えて人々の生活を変えたり、事業を進めて成果を残したり。

世界をひっくり返す人々が最高に素晴らしい存在であることに異論はありません。けれど、その後を継いで大きくしていく人々や、まだひっくり返る前の世界を壊してしまわないように保つ人々も、とても素晴らしい存在だと思います。

- 作り出されたものを多数の人間の手によって改良し、維持するための技術（道具だったり理論だったり）を作り出してくれる
- まだ繰り返し人の手でおこなわなければならない作業のプロセスを改

- まだ繰り返し人の手でおこなわなければならない作業のプロセスを改良して、無限の作業時間から少しだけでも解放してくれる

　そんな、新しい世界の布教とこれまでの世界の維持をするための技術を産み出してくれる技術者です。
　そういう技術者を見つけてきて重用し、新しい技術革新が起きてもいいように準備するのも、マネジメントの大切な仕事だと思います。

第4章

学べる仕組みを実装する

「社内のITシステムで課題や問題が出てきたときに、社員でベンダーと渡り合って、独自に技術的な問題の解決をする人材と組織が欲しい。特に、社員のシステムの内製化を進めていく際に、開発者だけでなくシステムの要になるデータベースやミドルウェアの社員の技術部隊がないと、自分たちで解決できることの重要度が上がらない」

　当時私が所属していた部門のトップの役員がそんなことを考えていたとき、技術者の組織を作ることをはじめて任されました。

　社内向けのIT部門で、SIerなどの協力会社に頼れる場合、高度なコンピューターの知識を習得していることよりも、社内の業務に精通し、ほかの部署と調整できることのほうが重要視される場面が多くなります。その手の「業務知識」や「コミュニケーション能力」は、体系だって学ぶ仕組みを用意するより、実際に働いてみて自分で覚えるというやり方が一般的です。そのため、業務をおこなっているユーザー部門からIT部門へ人材が異動して初歩的な技術的を学ぶという仕組み以上の教育は必要とされない状況になります。

　このため、社内の技術者の組織を作っていく中で「高度な技術を身につける教育」を可能にすることが1番の課題でした。情報処理やコンピューターサイエンスの学位や修士、博士などを持つ人材もいないわけではないですが、技術力を求められて力を発揮できる状況でないために、宝の持ち腐れとなってしまいます。

　もともと、技術者の教育が難しいことはわかっていました。昔、ソフトウェアの小さな会社を10人足らずからはじめ50名程度まで大きくしていった際には、ソフトウェア技術者の数が売上に直接影響する状態だったので、中途採用を中心に組織を作っていました。技術の習得は、客先の評価の向上による単価のアップや、より利益の高い分野への進出も見込めるため、会社として取り組む価値のあるものと考えていました。また、経験者の場合、ある程度の技術は持っているので、メーカーの主催する講習や資格の勉強などをおこなえば伸びていくように考えました。しかし、「技術力がついた」という評価を得ることはありませんでした。社内で勉強会のようなものも開催しまし

たが、明確に技術力が高い社員はいても、必ずしも教える技術があるわけではなく、有効に機能したとは言えませんでした。なにより、教育に時間を割くよりも、与えられた仕事を優先する空気が社内にはありました。

技術者として働いていた経験者でも、ありきたりの方法では技術力を伸ばすことはできません。そんな中、技術者としての勤務経験がない初心者を教育するには、彼らの特徴を生かすことが必要だろうと思いつきました。初心者であることの利点は、下手なプライドがないことです。それを最大限に生かすことを中心に据えて、教育の方法を試していきました。大まかに言えば、次の2点をなんとかして実現しようと考えました。

- 良い教師を探す
- 学び合うように仕向ける

そして、最終的に「科学的な考え」を身につけてくれるように願っていました。

4-1 人を育成する悲しくも唯一の方法

「教師を見つけて放り込む」

最初にして最良の一歩は、これしかありません。

教師を社内で中途半端に探すのは諦めました。しっかりと実績があり、複数の異業種に対しても経験が豊富な技術系のコンサルに**教育する契約**という形で仕事をしてもらうほうが、教育効果は高いと思ったからです。

教師からなるべく早く自立できることも大切だと思っていました。教師と同じ程度の力を持った教え子がたくさん存在すれば、教師は必要なくなるからです（そううまくはいきませんが）。ベンチャー企業などで、有名な技術者を「社員」に迎えるのは、教育者としての期待もあるのだろうと思います（期待がないとすれば、それはもったいない話です）。

仕事の中で発生する問題を解く仕事もしてもらいながら、人を育てることも条件に入れて、外部から技術者を入れてもらいました。セミナーや研修会を受けたり、資格を取ったりしてもらうのも効果はありますが、一番必要なのは**優れた技術者の「人間像」を自分の中でイメージできること**だと思います。そのためには、架空のものではなく現実に日々発生している問題を解決していく姿と、その問題を応用した学習と実践的な技術、教えるための身近な題材を基にした教材を作っていく過程をともにすることが必要だと考えました。

　優れた技術者の中には、「教育をしてみたい」という願望を持っている方もけっこういらっしゃいます。ただ、「教育をしてください」と頼まれることは少ないようです。「問題を解決してくれ」という要求がほとんどでしょう。それは、もったいない話だと思います。特に、技術的な課題を解決していくスタイルには人それぞれの工夫がありますし、個性も出ます。そうしたたくさんの方法を学ぶ機会があるのですから、社員への教育として活用しないのは、自分たちの成長を促すチャンスをムダにしてしまうと思います。

　教育の方法は、仕事の中でペアを組み、実際の解析や報告書の作成などを実施訓練する、いわゆるOJT（オン・ザ・ジョブ・トレーニング）です。ただし、レベルの高い技術者のトレーニングなので、通常業務での片手間になりがちなものとはまったく違います。当時、同じことをやっているところは少なく、お手伝いを頼んでいる側は実際の問題解決に関わる部分はやってもらい、それ以外の社内の交渉や調整を分担するケースがほとんどのようでした。そのやり方では相手から学ぶことも少ないですし、お互いの理解も深まらないと思います。社員が外部のプロに教えてもらいながら実務をおこなって実力をつけていくやり方を進めると、部員だけでなく、仕事を教える側の刺激や教育にもなったようです。

　実際のところ、部員たちの多くは、教わっているうちに成長します。そして、いままでは区別のできなかった**技術者の目利き**ができるようになっていきます。教える側も、教わっている側の**仕事の質を見極める力**が付いてくることを感じるわけですから、負けるわけにはいかないという緊張感が生まれ

ます。そういう評判は、お手伝いを頼む会社の営業を含めた管理組織にも伝わるので、用意してくれる人材の質に関してもいい影響と緊張感が生まれるようになりました。

　最初に所属していた部員の中に、(幸か不幸か)やたら速く伸びたのが２人いたのもよかったのかもしれません。メーカーの提供する試験には次々と「１回」で受かっていきました。外部の技術者と共同で問題解決をする仕事でも任される範囲は増えていき、レポートなどはほとんどその部員たちだけで書き上げられるようになっていきました。そうなると、来ているメーカーの技術者にも成長していくスピードに焦りを感じ始める人が出てきます。メーカーの技術者のなかで試験の資格をとっていなかった人も、試験に挑戦し始めました。そうした変化は、メーカーの内部でも評判として広まり、相互に技術者の質（この場合は営業しやすくなったということかもしれません）も向上するようになっていきました。

　こうして、多様な外部の技術者と触れ合い、共に学びながら仕事をすることにより、対等な技術者としての相互認識が生まれ、自発的に勉強するモチベーションも上がる効果が多々ありました。

4-2　教え合ってもらう

　教師に教わった人間は、教師から許可が出た後は、教える側へ回るようにしてもらいました。当然、教えている姿は教師にチェックされ、評価とフィードバックが入ります。

　社会人になってからは、そのようなチェックと指導が日常的に継続しておこなわれることはなかなかないと思います。厳しい指摘を受け続けるのは精神的に受け入れにくい部分も生まれていたのではないかと思い、次のことを折に触れて伝えていました。

「君たちは、できるから集められたのではない。できるようになりそうだから、集められたんだよ」

力をつけて伸びることに期待して投資をしているのであり、現時点での力を活用して何かを得ようと考えているわけではないということです。特に、自らが技術者として表に立って仕事をすることへの恐怖感が強い人にとって、この言葉は心の拠りどころになっていたように思います。

教材を作ってもらう

ある程度の実戦を積み、期間が経ち、多くの部員が実務にも慣れてきたところで、自分たちが学ぶための教材を自分たちで作ってもらうようにしました。

市販の教育用の資料のほとんどは、資格のためのものしかありませんでした。講習なども、ほとんどのものは本や資料を使って知識を学ぶ座学ばかりでした。しかし、当時レベルを上げるために必要だったのは、実際に起きることから学べるような学習です。振り返って考えてみれば、そのための材料は社内での仕事の中で溜まっているはずでした。

そこで、まず実際に過去に起こった事例を基にして、当時の状況や調査ログを問題として提示し、原因調査をおこなうような講習を作成してもらいました。当然、作成するのは部員の仕事です。講習の教師役も部員に務めてもらうことにしました。実際の講義をふだん教えてもらっている教師たちに見てもらい、彼らからの評価とフィードバックを受けて、再度作成し直すということを繰り返して完成させてもらいました。

勉強会を開催する

作った教材は予想外に効果があり、自分たちだけで消化するのはもったいないものとなりました。そこで、社内向けに教育の機会を作り、勉強会をおこないました。しかし、参加者があまり増えませんでした。結局、その部分の知識は、ほかの部署にとってはこちらに聞けば済む話で、必要ないという雰囲気だったことに気づきました。

そこで、社外に向けた勉強会という形で、広く一般の技術者に講習を受けてもらう試みをおこないました。講師は、もちろん部員です。初心者を対象

に10回程度おこないましたが、毎回なかなか盛況でした。社外の方たちに教えることで、いつもは教わる立場で**教わって当然という甘え**から知らないうちに抜けていった効果も感じました。やはり、教わってばかりだと受け身になりがちですし、教わったことを繰り返しているだけの状態に自分で気づけないことは多いのです。

　想定外だったのは、その勉強会に技術的に講師よりはるかにレベルが上の人も参加されたことでした。それは講師には酷なものになりましたが、野には猛獣がいることを知るいい機会だったとも言えます。それがきっかけとなり、技術的に高い人たちのつながりができたことや、その人たちと交流ができたことは、その後とても有意義な影響を与えてくれました。当初「無謀だ」という意見もあった中で実施したので、驚くほどの成果でほっとしたのを覚えています。なにごともやってみることが大切だとあらためて思いました。

実機を使って訓練する

　そして、どうしてもやりたかったのは、座学ではない**実機**を使う訓練です。
　座学と同様、擬似的に障害の状況を起こした実機を前に、本番と同じように解析に向かう試験を作りたかったのです。この試験の実現は自分たちだけでは難しく、外部の教師の力を借りて、というか、外部の教師の力で作りあげてもらいました。
　この試験では、演習後の答え合わせはおこなわれずに、調査の仕方や結論への道筋のつけ方に対しての評価とアドバイスがおこなわれる形となりました。それはなぜか？　作成者たちの想いを教えてもらったときに、とても共感したことを覚えています。

「実際の障害では、だれかが用意した正解はありません。だから、**大切なのはどうやって立ち向かって結論へと進むかであり、正解を確認することではないのです**」

　実際の障害に対応したときも、本当にそれが正しかったと教えてくれる教

師はいないのです。「答えは本当はなんなのか」としつこく教師に聞く生徒もいましたが、冷たく一蹴されていたのを微笑ましく見守っていました（笑）。

これだけではなく、実際にソフトウェアやデータを破壊してバックアップから完全復旧をおこなったり、時間を遡って部分復旧をおこなうことなども実施していました。時間も機材も人材も随分とかけることになりますが、即効性が高かったように思います。壊し方も人それぞれで、直しにくい壊し方をする人間もいて、おもしろいなぁと思ったことを覚えています。性格が出ますね。

相互に教え合ったり、教師としての共同作業をおこなう中で、それぞれの特性や得手不得手などの相互理解も深まっていくケースもありました。教育を「教師から教わる」という形から**「教師も生徒も教えあう」という相互関係**にすることで、得たものはたくさんあったように思います。何よりも、正解のない状況から学ぶという経験をいろいろな場面でできたのではないでしょうか。

マネージャー側にとっても、この実地演習でのやりとりや、教育を受けている際の部員同士のお互いの仕事の仕方などを見ることは、チームの組み合わせや、仕事で解決すべき問題の質や状況によって担当を柔軟に変更するための目安として有効な材料となりました。問題の難度によって、「少し力不足な人間をあてて成長を期待する」ということもできるようになったと思います。マネジメントの仕事の中には、いまの問題を片づけるだけでなく将来起こりうる質量ともに大きな問題への対応力を上げていくための試行錯誤も含まれますが、それをこの教育の中から情報と成長の事実を拾い上げられたのは望外の成果でした。

「仕事として必要なことなのだ」という認識をどう作るか

このように効果があることですが、実施する際の最大のハードルは「まわりの理解」だと思います。**「仕事として必要なことなのだ」という認識を組織の内外で作れるかが重要です。**

そのために効果があったのは、直属の上司となるマネージャーたちに、教

育前後の仕事の変化を実感してもらうことです。そのためには、上司も教育に参加してもらうのが一番効果的です。今までできないことができるようになっていく部下の姿を見るだけでなく、自分自身も教育を経験することで、「たしかに教育による効果だ」と納得することができます。

それに加えて、外部のメーカーやベンダーのコンサルなどから教育内容への評価を聞くことも、やっていることへの自信と、「本当に価値のあることだ」という理解につながります。教育前後の技術者たちの変化に客観的に一番評価を高くしてくれたのは、外部の技術者たちでした。

内部のマネージャーたちの理解を得られれば、彼らの口からほかの部門のマネージャーにも広がっていきます。上層部に対しては、実際の仕事の質が上がっていることを成果物として示すことも大切でしたが、取得が難しいとされているメーカーの資格を取ることも効果が大きかったと思います。

Column 社内に向いている時間が多いと、技術への判断能力が身につかない

社内向けのシステムを開発する技術者にとって、技術というものは3つに分かれると思っています。

①社内で事業向けのシステムを作るための技術

これには、業務知識が必要です。この部分を強く意識する人員配置として、社内の他部門の経験者が社内のITシステムの担当者となる異動がおこなわれます。意外と、この考えで社内システムの人事がおこなわれている企業は多いのではないでしょうか？

業種によって使用される言葉が独特のものもありますし、経験しないとなかなか理解できない業務の流れや常識のようなものもあります。改善するにしても、「なぜ今そうしているのか？」を理解していなければ、変更することはままなりません。

このケースでの問題は、業務知識の技術者であるのにもかかわらず、

それが「技術」だと評価されないところにあると思います。どうしても、「ソフトウェアの技術は学んできてあたりまえ」と評価されてしまいます。そのため、たとえば業務知識を深く広げるためにほかの同業種の勉強をすることなどに重きをおくことが難しいように思います。

②社内の事業で売上／利益に貢献している技術

これは、事業内容にエンジニアリング的なものが大きく柱となっているようなケースになり、銀行、保険、製造業、通信などが思いつきます。それぞれの顧客に提供するために必須となる技術を、社内システムとしてつなげて有効活用できるようにすることが求められます。

この場合は、もともとIT側の知識もある程度はもっている社員でないと事業側の技術者と話をすることが難しくなるので、IT部門側の人員も絞られるケースが多いように思います。また、同様な他社との仕事を多くこなしているシステムインテグレーターなどを頼ることも多いです。

このケースでの問題は、システムインテグレーター頼みになることと、担当者のスキルを客観的に判断することが難しくなってマネジメントにおいてもエンジニアリングにおいても評価しづらくなることです。

③世界で革新が進んでいる技術

ここが一番楽に思えるかもしれませんが、逆に一番社内の技術者の育成や定着が難しいところになると実感しています。

前段の2つは、事業に固有のものであるという強みがあります。IT部門以外にその技術（技術と理解していないケースがほとんどでしたが）を評価できる人材は、マネジメントに限らず多くいます。ところが、いわゆる世界で革新が進んでいる技術に関しては、理解が薄いのと、マスコミの報道からしか情報がないために、貴重なものだという認識ができないのです。「必要だ」という号令は経営層から降りてくるのですが、身近な存在がそれをこなせるかどうかの見極めができない、人事評価に結びつけられないという悲しい事態を多々見てきました。

そう、つまるところ、技術者にしろ、マネジメントにしろ、社内の評価を上げるために社内に向いている時間が多いのでは、技術に対しての判断能力を身につけることはできないのです。

　必要なのは、社外の、そしてできうる限り世界的な視点を持った人々とのコミュニケーションです。社内に重きをおく業務知識にしろ、事業に特化した技術にしろ、世界中で革新が起きているのであれば学ぶこと、起きていないのであれば自ら起こせるチャンスを探すこと。

　なにも、話題になるITだけでなく、社内の固有と思い込んでいるスキルだって、世界と交流することでまったく別の世界が見えてきたりします。

4-3　「問題を解く」のではなく「問題を作る」

　システムをつくるさいには、まず「どのように動くか？」という仕様を利用者と開発者がお互いに確認して決めます。そして、仕様に基づいてサーバーやネットワークの基盤をつくり、その後、利用者の使用するアプリケーションを作成します。最後に、仕様どおりに動くのかをテストして確認し、完成となります。これは、「問題を解き、正しい動きをするものを作る」という行為です。

　おもしろいことに、人が複雑なシステムを作るとき、作りたいと思うこととともに、あとで問題となることも必ず作り込んでいるものです。しかし、「問題を解いて正しいものを作り上げている」という意識が邪魔をして、「問題を作りこんでいる」という行為は認識できません。

　では、どうすれば問題があることに気づけるか。システムをつくりながら「問題がないか」を探し続ける訓練をするのももちろんですが、もっと直接的で効果的な方法があります。それは、自分たちで「問題が起きた状況」を作り出すことです。

　問題を作り出すためにおこなう思索は、「解」を求めて考える道筋と逆向き

に動きます。また、「解」が必ずそこにたどりつくように、問題の道筋を刈り込んでいかなければなりません。これは、あまり経験しないと思います。
　この訓練のために、先ほど話したように

「過去の障害時の『システムの利用状況やシステムの多様なログ』を基に、原因を見つける」

という教材を、自分たちで作成してもらいました。当然ながら外部の教師にもたくさんのアドバイスをもらいましたが、レビューやアドバイスをもらうだけにとどめ、自分たちで試行錯誤して作成していってもらいました。
　教材に使えるような「事例」を過去の記録から選び出す段階から、学びが始まります。その作業中から、原因究明に至る思索を再度経験することとなります。自分が担当したものとは限らないですし、はじめての事柄だったり、過去の自分との再会だったりします。「問題を作成する」というモチベーションがあるので、過去の事例を自ら読み漁るような素養のない人でも、必ず再確認をおこなうことになります。
　おもしろいもので、目的が違っても得られる効果は同じなので、それ以降は、過去の事例を見ることが苦ではなくなりますし、読み方の質も上がっていきます。読み方の質が上がるというのは、読んだ内容を「ただ受け入れる」のではなく、そこに自分自身の知識を混ぜ合わせながら理解を膨らませる、あるいはリアリティをもっと持たせて応用の効く本質的なものを作り上げられるということです。
　そのうえ、新たに記録をつけていく行為の質も上がっていきます。今の記録ではなく、「将来への記録をどう残せばいいのか？」という視点になっていきます。
　「講習をおこなうための教材」ですので、学ぶ内容や学びやすさも考慮しなくてはなりません。受講してもらう対象に合わせて、難易度も決めて加工していくことになります。
　この行為を通じて、現実の問題を解くときには、

- どのような複雑性があるのか？
- それを分解するにはどうすればいいのか？
- かんたんな問題でも、気がつきにくいケースは何か？
- 1つの原因だけでなく、複数の原因が作用していないか？

　というようなことを、自分で過去の事実より作り出した「世界」から実感できるようになります。
　そして、現実と同じ問題を作り上げていった結果として「完全な『答え』を見つけ出して終わるのではなく、解決に至る途中経過で終わる」こともよしとなりました。
　当然、講習として、どのような順番で、どんな問題を解いてもらうか、そこから何を学んでもらうかという全体の設計をしなければなりません。そこで、

「自分たちはどんな問題を今まで解いてきたのか？」
「その中で、体系的に学ぶうえではどのような順序が適していて、それはなぜなのか？」

　という検討がおこなわれます。つまるところ、集団としての「問題」に対するいっそう深い理解と問題同士のつながりへの再認識がおこなわれていくことになります。
　できあがった教材を解いてもらう中で、知識も大切なことではあるけれど、**問題を解いていくための論理的な思考を続けることが、いかに難しく、まちがいやすいかを学べます**。あるいは、まったく問題なく解いていくレベルの高い受講者を見て、今の自分たちの先にある技術の限りない力を感じることもあったと思います。
　当然のことながら、作り上げた「問題」自体にも、思ったとおりの教育効果を与えられない「問題」が発生します。それは、受講者からの反応で知ることになります。どんなものでも、実際に利用されないとわからないものな

のだということをしつこく経験できるわけです。

　問題を見つける能力は、何にも増して重要なものだと思います。それを身につけるには、自分で問題を「作る」ことができなければなりません。問題を解くことばかりしていても、あるいは、知識をインプットばかりしていても、この力が伸びていくことはありません。

Column　プロセスで品質を上げるために必要なこと

　何かを新しくできるようになるのには、訓練が必要です。ただ、それによって比較的多くの人が身につけやすい種類の事柄と、ごく少数の人にしか結果を出せない事柄があります。

　才能によらずに、ある手順を愚直に推敲して反復することで得られる成果の代表的なものに、品質の向上もしくは安定があると思います。品質を向上させる手順というとわかりにくく、「手順は品質を安定させるもの」と捉えるのが普通かもしれませんが、もしそうであるなら、教育そのものが安定しかもたらさないことになります。

　大切なことは、成功する手順だけではなく、失敗する理由をきちんと学ばせることです。「なぜ、その手順でないといけないのか？」を含めた手順を教育することで、理由を理解することができます。その手順を確立していった過程を追体験できれば、品質が悪くなることを避けることができますし、品質を向上するための新しい手順を作り出すこともできます。

　「過去の手順をただ守り、繰り返す」だけだと、時間の経過とともに効果は薄れていきます。だからこそ、「手順を常に見直す」という手順が必要です。過去の手順によって確立できる品質は6割から8割程度ということも忘れてはならないと思います。たとえ失敗例を共有することで品質を上げられたとしても、劇的には向上はしません。なぜなら、過去をすべて捨て去り、まったく新しい手順を作り出すことは、その手順から

のみ学んだ人間には難しいのです。ですから、残りの2割から4割を劇的に上げていくのは、優秀な才能と経験を持ったQAの人材だと思っています。とはいえ、そのような人材が生きるには、ベースとなる部分を担保する手順と、それを信頼して任せられる人材が必要となります。

ここで最も重要なことは、「過去の失敗の原因」と「現在の結果」を比較し評価するということです。ISOなどのルールベースのものは、ルールを重んじますが、「結果」に関しては規定をおこなわない弱点があると思います。もし、結果を産んだものが品質を担保する「手順」にあるのであれば、それを改革していくことができるはずです。

4-4 科学の力を利用できるようにする

観察と思考をもとに仮説を立てる。
仮説に基づいて実験する。
結果を計測する。
計測した結果から考察し、また仮説を立てる。
それを繰り返すことで、事実や新しい法則を見つけていく。

これができれば、**「科学の力」**を利用することができます。大学院や博士課程などで、研究や論文を書き、査読されてきた経験のある方々には当然の話かもしれません。

特に、論文の書き方を見ると一番わかりやすいでしょう。論文では、一番最初の要旨（abstract）があり、そこに結論が書かれています。最初の要旨を読み、そこで伝えたい大切なことはすべてわかるようになっていなければなりません。なぜならば、世に論文は多数あり、読む人の時間は限られているので、冒頭の簡潔な文章で結論を述べることで読む価値を伝えなければならないからです。そして、論文の中では、観察、仮説、実験、考察そして検証を経た法則という結論が述べられます。読む側の人間は、興味が湧き必要で

あれば論文の中身を読み、反証を考えたり、新たな発見をしながら「科学の力」を追体験します。そして、そこから得た知識をもとに、自分自身の「科学の力」を使い、新たな法則の発見に向かいます。これは、技術者のみならず、すべての報告の基礎となるものだと思います。

　残念ながら、教育期間の中で身につけたであろう「科学の力」は、入社した会社社会の中で「社会人」としての教育を受けていくうちに錆びついていってしまうようです。それを痛切に感じたのは、大学院でさんざん研究をおこない論文を書いてきた新人が、社会人となり3年程度経った後に再度先ほどまでのような訓練を受けた際に

「3年前に教えてほしかった。今までの時間はムダだった」

と嘆きの言葉を発したときでした。

　社会人になり、社会の習慣に則ると、挨拶から始まり、諸々の前提の記述から結論は終わりのほうに述べるというやり方を習わされることが多いのではないかと思います。事実よりも先に、人間社会のいろいろな約束を考えることを教わると、「科学の力」を素直に使うことができなくなっていきます。そんな姿をそこかしこで見ました。

「感情的なことを穏便に処理する」ことに考える力を使いすぎると、だんだんと曖昧な表現をすることが増えていきます。曖昧なアウトプットを増やしていくと、自分ではそのつもりがなくても、徐々に曖昧に考えて行動することが身に染み込んでしまいます。

　往々にして、事実は残酷なものなので、ストレートに伝えることは人間関係で形成される組織の中の秩序や暗黙の配慮を壊してしまうことが多いかと思います。それでも、特に技術的な課題が多く絡んだときには、「科学の力」でなければ解決ができないことも多いのです。

　力を身につけたうえで、発揮するべきタイミングを調整したり、思いやり・配慮を持つことは大切です。しかし、そもそもの力を持たなければ、どうすることもできないのではないでしょうか。

最終的な決定は、社会の決まりごとの範囲の中で、さまざまな制約を受けながらなされていくものです。けれど、その判断の中に「科学の力」を使うことは、未来を見据えて何かをするには必須だと実感しています。

4-5 妄想するな、計測しろ

「思ったよりもうまくいかないのだけれど、どこが悪いのかよくわからない」

そんな状況のとき、目星をつけるために頼りたくなるのが、ノウハウや過去の経験です。そして、それが正解だと確信しているので、思いつく限りのことを手当たり次第におこなってしまいます。慌てていますから、きちんとした記録もないままにおこなってしまうのがそういうときの常です。

幸か不幸か、ノウハウの乱発がうまくいってしまった場合、どうなるでしょう。成功体験から、今度は無批判に、同じ問題には同じ対応を繰り返すようになっていきます。しかし、いつか思うような結果が出なくなり、泥沼にはまり込みます。

厄介なのは、一度に何かを足したり変更したりしてしまったときです。往々にしてそうなるのですが、前よりも考えなければならないことが増えてしまったのに、前から変わったところがどこなのかも正確にはわからなくなっています。

「推測するな、計測しろ」※

これは、わからないものを解き明かすときの根本をなす、最強のツールだと思っています。

「良い」「悪い」という言葉は曖昧で、共感することはできても、共有することはできないものです。自分と相手の間に置かれた別のものでお互いを測ることができてはじめて、共有と共同の知識の交換ができます。感情ではないもののみが、実体の伴った成長を保証してくれます。

※この言葉は、「Rob Pike's 5 Rules of Programming」のルール1とルール2が元になっている言葉だという説がありますが、Tony Hoareの名言、「未熟な最適化は諸悪の根源」を言い換えたものだという意見もあります。
Rob Pike's 5 Rules of Programming (http://users.ece.utexas.edu/~adnan/pike.html)

このような考えから、実際に稼働しているシステムの本番機を追加する際に、数々の状態の記録を残す仕掛けを仕込むようになりました。また、すでに利用している本番機にも徐々に入れていきました。
　何かを導入していく際には、必ず抵抗が生まれます。経験上、60%くらいまでの導入は、抵抗があっても何とか進めることはできます。しかし、60%だと効果は目に見えて上がってきません。辛くとも、そこを超えて70～80%程度のカバー率になると、恩恵がはっきりと見えるようになります。そうなれば、今度は逆に「導入できないか？」という声が上がるようになります。効果が見えている間は、それを導入することに強い動機が生まれるのです。過去、何度か経験していたことだったので、そこまでは、ひたすら耐えて押し進めるよう頑固に貫きました。インフラという仕事の持つ宿命ですね。

　計測しない「推測」は厄介ですが、推測には「推定」しているという意味があり、「妄想」よりはまだましだったりもします。「推測」よりも強い「妄想」になると、もはや手がつけられなくなります。「迷信」とも似ているかもしれませんし、「おまじない」のようなものだったり、「習慣」とでも言えるほど意識せずにおこなっていることもあります。
　たとえば、昭和の30年代生まれの私たちには、「食べ物を道に落としても3秒以内ならセーフ（食べても平気）」という「3秒ルール」がありました。思い返せば、どうしても食べたいし落としたといっても「よしよし、もう一度買ってあげようね」などという事態にはなるはずもなく、諸々の自分たちの欲望から生み出された"法則"だったのだろうと思います。
　そういえば、「調子の悪いコンピューターは一度電源を落としてから電源を入れ直すと直る」というのもありますね。これは「妄想」でしょうか？
　すべてにおいて、人の考えの中には「のぞみ」が入っています。自分自身の「のぞみ」が入っていることに気づかない「妄想」状態になっていると、自分がまちがえていることにはまったく気がつけません。下手をすると、事実として上がってきているものが自分の考えを否定している場合でも、「自分の考えではなく事実のほうがまちがっている」と信じ始めます。

妄想することなく計測することを、教育として刷り込み続けていく。

教育の1番の難関ではありますが、効果のあることだと思います。
このように、教育の仕組みを作り上げていくときに考えたことは、すべて技術を取得していく中で大切だと思ったことと同じでした。

- 仮説を立てて、目標を設定し、実行して、評価する。
- まちがっていたら修正し、常に今よりもいいものを目指していく。
- 論理的に物事を捉え、のぞみではなく現実を見ながら変化させていく。
- 技術も人も進歩していくものだということは、現状には何らかの問題があるのだから、失敗を恐れずに試行錯誤を繰り返して、記録を残していく。

その中で学んだことは、技術者として成長したことと離反してはいなかったと思います。

「学ぶことのできる仕組みの実装」は、技術者がおこなうほうがいいと思いませんか？

こうして仕組みを作ることで、未来の問題を一緒に解決していける味方を増やし、質を追求できる土台を築けると思います。

Column 計測し続けていた技術者

とても大きな障害が起きている中、一刻も早く解決しなければならない状況で、黙々と吸い上げたログをExcelのピボットテーブルに入れて解析し続けている技術者がいました。とても優秀な技術者でしたので、いろいろな人が話しかけて感想を求めていきます。その人は、応対しながらも、ピボットテーブルの解析をやめませんでした。別の部屋でおこ

なわれている会議室では、たくさんの開発者やマネージャーが自分の意見を述べ、「こうしたら直るはずだ」と主張して対応し、電源のオンオフはもちろんのこと、活発に検討と対応は進むものの、状況の改善は見られないままでした。

　やがて、解析を終えた技術者は、Excelを携えて、証拠となる数字と、複数の要因の関係を表すグラフや資料をもとにしながら、考えられる原因と対応と、そして現時点では「わからないこと」を報告してくれました。そこにはなんの忖度も希望もなく、証拠のある現実と、そこからはわからない事実が提示されていました。

　報告が終わった後もなおスプレッドシートと向き合う彼に声をかけて

「君の人生は、Excelのピボットテーブルのシートの数で測れるんじゃないのかねぇ」
「嫌なこと言いますね、でも、本当ですねぇ（笑）」

　などと話し、よく笑っていたのを思い出します。
　彼のような人材が少ないのもありますが、決断を下す人が「現状を正しく認識する意見に耳を貸さなくなる」精神状態に陥るのはめずらしくありません。そうして、その場しのぎな「判断」の結果、悲劇的なことや喜劇的なことを繰り返してしまうのも人間だと思います。

第5章

キャリアパスから組織を考える

成長を遂げた技術者にとってのわかりやすい欲求は、給与の上昇です。リクルートの条件になるようなベンダー資格を取得したりすれば、転職市場での価値もわかりやすくなります。それ以外であれば、今よりも権限の大きな役割への欲求や、新しい技術の習得欲などでしょうか。

　自分が獲得した資格、周囲からの評価、なにより「できるようになったこと」から未来の姿を描くと、なりたい自分の姿が見えてきて、現在とのギャップをどう埋めたらいいのかと考えるようになります。いわゆる「キャリアパス」と呼ばれるものを考えるきっかけを、教育とその成果である成長は与えます。

　「会社のなかで身につけたものは、会社に還元させなけれなならない」などとはまったく考えてはいなかったものの、教育の成果を出すことを企んだときに、キャリアパスを考えることは避けては通れないものと思っていました。たとえ技術者として身につけた力を伸ばし、外の企業から評価され出ていくとしても、残るマネージャーたちが「育てたことが無駄だった」と思わないようにしなければなりません。

　私は、マネージャーの責任の中には**会社が潰れたときにも食べていけるようにしてあげる**ことが含まれると思っていました。そういう意味では、技術職のキャリアは「食べていけるようにする」ことが割と楽な面がありますが、もちろん考えたとおりにいくわけではありません。世の中は甘くないです。

　私は、2つの方向で絞ってキャリアパスを考えるようにしていました。

①技術者として成長するための道筋
②お金を儲けるための道筋

　2つが両立する場合もあれば、しない場合もあります。実際のところ、お金がないと生きていけないので、多くの人は「お金はどうでもいいから、自分の能力が高まればいい」というわけにはいきません。

　ここでは、直接部門ではない、つまり「ソフトウェアの技術で売上をあげていない」社内の技術者のキャリアをどう考えていたかをお伝えします。こ

れから話す「評価」というのは、「査定」「人事考課」と言われていることと同じです。

5-1 技術者の貢献を評価してもらうのは難しい

　技術が好きで、仕事として続けていきたいと願っている人々と一緒に、組織を作って働いた経験はとても愉快なものでした。もっとも、技術者を部下に持つことが楽しいと言っている同僚にはあまり会ったことがありません。技術者を苦手とするマネージャーが一般的な気がします。

　多くの企業では、部下を持ち管理者となるほうが社内での地位が上がる仕組みになっています。その中で、技術者を理解して、その技術者の能力を最大限に伸ばそうとするマネジメントが評価されることは、あまりないと思います。プロジェクトを起こして、それを納期と予算と機能を実現することで評価されるほうが一般的な気はします。MBO（Management By Objective：目標管理制度）の導入で、それが一番わかりやすい評価の方法になった気はします。「技術力を上げていく」とか「少しずつ改善する」とか「悪い出来事が起こるのを未然に防ぐ」などということは、評価を上げる要因にはならない企業が多いのではないでしょうか。

　今となってつくづく不幸だと思うのは、技術者たちの貢献を享受する側が、**何も問題が起きないということにどれだけ彼らの貢献があるか評価する術を持たない**ということです。あたりまえのように何事もなく昨日と同じように日々が過ぎていくことの裏側にある膨大な技術や、それを維持するための努力を評価することは本当に難しいと思います。それらがわかりにくいことの原因には、技術者自身がそれをアピールすべきと思ってないことにもあるとは思いますが。

　実際、新しいものを作り上げるときでさえ、それを支えたコアな技術者の貢献の評価はプロマネやユーザーヒアリングと各種の調整などと同様に持っていくのさえ難しい場面をたくさん見ました。理解できないものの価値を評価してもらうのは本当に難しいことですが、技術者を組織に留めさせるには

必要なのです。だれかがやらなきゃいけないことですが、それはマネジメントのプロも技術者もやりたいものではないようです。

5-2 報酬額は経済が決めている

　評価に対する報酬の原資に目を向けた場合、営利企業に属している限りは、企業が外部から得ている**収益**がすべての源になります。それを超えた報酬を社員は受け取ることができません。世間一般的な相場から見ても優秀な社員への報酬が安すぎるという場合でも、報酬を増やせば会社の収益の原資を超えてしまう場合は支払うことができません。

　そういうふうに原資（報酬）から見れば、「相対評価」「絶対評価」という言葉はあまり意味をなしません。どちらを取ろうと、報酬額の限界値は、企業の収益力と資金の分配の意思決定から決まるものですから。その制約においては、評価される側の個人の能力は関係ありません。

　評価されたということが一番単純に実感できるのは、報酬が納得できるほど高かったときだと思います。そのほかにも、表彰、地位、決裁できる予算金額の増加などはあるかと思いますが、報酬という単純明快な尺度にはかなわないと思います。

　直接に売上を上げている部門ならば、売り上げた数字を持って「これが俺たちの成果だ」と戦うこともできるかもしれません。しかし、そうであっても、売上が一番上のチームが一番高い評価と報酬を受け取るかどうかは、その組織の分配の仕方にかかっています。たとえば、「このままでは既存の事業は立ちいかなくなるから新規事業を立ち上げなければならない」というときは、既存で売上を上げているチームよりも、新しいことに取り組んでいるほうが評価され、報酬が多いケースもあります。

　結局のところ、「評価と報酬」は企業の大きな方針で左右されていて、マネージャーの裁量権はそれほど強くはないということです。

　幸か不幸か、広告収入や特許収入などが途方もない額になっていて、それを人件費に無造作に割り当てるような企業は、IT関連業界には複数存在して

います。そのためか、この業界においては、評価と報酬に関しては、このあたりまえの法則が理解されにくいようにも思います。しかし、どんなに潤沢な利益がある企業でも、必ず「分配」という制限はあります。

　分配を直接的に管理するのは財務です。CEO、COO、CHO、CTO、CIOなどなどが意思決定すると思いますが、実行の結果を監督し、数字に責任を持つのはCFOです。結果的には、CFO配下の財務の予算管理方針と監督の仕方で、評価に対する報酬の総額は決まるものです。もし、技術者の人たちがどこに行っても評価に対する報酬を今よりも高価にしたいと思うなら、大きな会社組織においてはCFO職に技術者と同じキャリアを持つ人間を多く輩出することが大切なのかもしれません。少なくとも、技術職への関心と教養のある人を増やせば、今よりも技術の評価に対する報酬の価値を理解してくれると思います。

　どんなに技術職の評価を上げたいと思っても、たとえば自分の所属する部署への報酬の配分が少なければ、評価を上げても、報酬を上げることができません。報酬を上げられる可能性があるとすれば、ボーナスのような一時的なものでしかないことがほとんどだと思います。

5-3　ルール違反をせずに、自分が正当だと考える報酬へ近づけるには

　評価と報酬に関しては、多くのマネージャーが無力感を感じてしまうのではないでしょうか。それでも、自分たちなりの誠意と価値観を持って制約からどうやって逃れるか、どう突破するかを考えるものかと思います。

「決して何かルール違反をするわけではなく、決められたルールと望ましいとされる方向性の中で、自分では評価を高く思う優秀な技術者を、自分が正当だと考える報酬へ、どうやって近づけていけるのだろうか？」

　そう考えて試行錯誤したうちの1つは、技術者が会社で起きるいわゆる「事故」と呼ばれる問題を解決する姿を役員レベルにまで見せていく努力でした。

力のある技術者というのは、できることならば、自分の力で、なんの言い訳も装飾もなく淡々と問題を解決してしまいます。いともかんたんに見えるので、一緒に見ているだけでは、それが難しいことだと理解することもできません。技術者出身以外のマネージャーならなおさらです。しかし、彼らでも苦労する問題はあります。そんなときに、彼らの問題を解決する様を役員や他部署のVP（Vice President、本部長・部長・次長クラス）に直接見せることは、マネージャーから何度も説明するよりも効果的に彼らの価値を示すことができました。実際に、経営にもインパクトの出そうな問題に直面しているときに、技術者たちが中心となって社外の技術者でも解決が進まない問題を解決していく様を見せる効果は計り知れないものだったと思います。技術者は、難しい問題であればあるほど夢中になるので、最初は偉い人を気にしますが、すぐに問題の解決に没頭して、「何かわけのわからないこと」を呟きながら問題を解決します。

　難しかったのは、彼らの問題解決に対する時間を確保する部分でした。問題の解決方法を探っている途中でも、意思決定にあたるVPたちは、自分の意見を聞かせようと、彼らと話をしたがります。しかし、それを許していると、問題の解決が進みません。VPへは「調査が進み、現状の把握ができた」あるいは「推測が固まり、わかっていること、未だ不明な事がまとめられた」ときに話をするように対応していきました。そのかわり、その場では意見も聞きますし、技術者から見ても難しくてわからないという状況も素直に伝えるように促しました。そうすることで、技術者とのコミュニケーションは改善されたのではないかと思っています。

　もっとも、人によっては、自分だけ早く状況を知ろうと、直接彼らに問い合わせをします。全体の情報共有の仕組みがあるのでそこで対応するのが一番効率がいいのですが、人によっては個別に動いてしまうのを止められないのです。それがあまりにひどいときには、連絡できないように技術者たちの携帯電話を切るか、もしくは電話に出なくてもいいと指示することで対応しました。

　また、解決までの時間がかかると、なんでもいいので効果のありそうな対

処を進めたがるマネージャーが増えていきます。根拠のない対策に振り回されないように、対策をおこなう決定をする場から彼らを隔離し、問題の把握と解決もしくは回避方法の提案と問題点の洗い出しに時間をかけられるような物理的な処置もしました。

会議も含めて、「技術者に参加してほしい」と望まれる場にだれも参加しないわけには当然いきません。それを引き受けるのが私の仕事です。

そういうときには、その場で一番決定権のある人たちから優先的に話を聞くようにしていました。決定的な解決案が出ないなかで、責任者は孤独なのです。そこで、少しでも気が晴れるように話をし続けるのが一番大変でした。技術的には正確ではないかもしれないけれど、判断と決定には問題のない範囲で原因を報告する役目も、おもには私の仕事でした。

こうして、偉い人が技術者たちの邪魔をするのを妨害しつつ、何やら難しい問題を解決してる姿を見せることに努め、社員の技術者が社外の協力会社と同等に技術力があることを理解してもらい、彼ら個人個人を覚えてもらうことを意識的におこないました。

ただ、問題を解決したあとで技術者の書く「最終報告書」は難しいことを難しいままに書いてあるので、たいてい上位層には伝わらず、努力がけっこう台無しになります（笑）。そこは、マネジメントとしていろいろと手を入れ、理解してもらえるような内容にして橋渡しすることは必要でした。何度かやるうちに、やはり経営に近いマネジメントの方々は数字とチャートを好む傾向が強いのでそれを中心に書くフォーマットを決めて、ほかの部分は文言を調整しながら手伝って作りました。

5-4 成長という報酬

役員などに働きかけても昇給や昇進が望めない場合は、どうすればいいのか。

「自分のコントロールできる範囲で、報酬や昇進の代わりになるものを見つ

けるしかない」

　それが結論でした。
　金銭の報酬以外で技術者にとってのモチベーションとなるのは何でしょうか。幸いなことに、技術者には「技術的に成長したい」という望みがあることは知っていました。ということは、ある程度の力を身につけ終えた者には、次々に新しい技術的な課題や興味のある分野の仕事を見つけてきて与え続けられれば、それが彼らにとってのモチベーションになるのではないかと考えました。それは、自分の裁量で可能なことでもありました。
　ただ、そのためには、まず部下のマネージャーたちの理解を求めることが重要でした。対象となる技術者は彼らにとって頼りになる人材でもあったからです。彼らに対しては、次の話をして理解してもらいました。

①技術的に成長した人間を同じところへ留めておくと、ほかの人間が育たなくなる
②未来に必要となる技術（今は自分たちにはない技術）を開拓していかないと、陳腐化した古い技術に固執する
③すべての人員で当たるべき事態になったときは、当然彼らも参加する

　ただし、なんでも好きなことをやらせるというわけにはいきません。会社の外の世界に広く目を向け、これから必要となるだろう新しい技術に感度を持ち、事業とかけ離れない範囲で予想し続けなければなりませんでした。それは、結果としては、大きな意味での技術者として自分自身の成長も促すことになりました。
　たとえそういった技術を見つけ出したとしても、仕事として成り立たせなければなりません。研究開発は自分の仕事ではないので、現在やっている仕事の延長線上に位置づける必要がありました。
　ちょうどその時期は、メーカーの製品ではなくOSSの製品を使うチャレンジをおこなう方針がトップから出されていました。また、大量のデータを扱

いたい要求とともに、「既存のRDBMSなどで処理しきれなくなったデータを分散処理の製品に変更して将来的に利用できないか？」などの話題が大きく取り上げられるようになっていました。当時としては魅力的に映る技術分野であり、もともと私たちは新しい挑戦としてこの分野への進出を考えていました。

　必ずしも、すべてが自分たちの中で新しい技術として納得できたものばかりではありません。ときには、「これはやっても意味がないのでは」と思うこともありました。しかし、違うものもあわせておこなうことで、状況の変化にも柔軟に対応が取れ、折り合いをつけていけたと思います。

　仕事とした場合は、成果を残さないと携わった技術者たちの評価が低くなることになるので、成果の見せ方なども考えないといけません。チャレンジ性を強く打ち出し、失敗したとしてもそれさえ成果となるような目標を立てました。

　たとえば、MBO（目標による管理）の場合は、「定性」と「定量」の目標の立て方がありますが、定量のほうが客観的に評価しやすいので、こちらの記述に力を入れます。通常は、たとえば「5倍の速さで処理できる」とか「半分の量で済む」など、成功することを目標とします。しかし、新しい技術を試す場合には、それでは試行錯誤ができません。そこで、

「5倍の速さで処理できることが『事実か否か』を確認する」

というように目標を立ててもらいました。いい結果が出たときにはそれを強調すればいいですし、悪い結果の場合は「違う方法を選ぶ確信が持てた」というように前進していることをアピールします。こうして、失敗したときの評価を恐れずに成長するチャレンジをしてもらうことができました。

　個人的には、そもそも技術職は「将来的に安定させるために、現時点では不安定な新しいことをやる仕事」だと思っているので、そういう指導をすることには特に問題は感じませんでした。"未来への挑戦"なんて、そんなものだと思います。

そうやって、会社の中のいろいろな制度と組織内外の感情を「めんどくせぇ」と思いながらも片づけようとしたのは、技術者たちが新しいことを嬉々としてやっている姿を見るのが楽しかったからです。

Column　もともと優秀でも教育によってさらに飛躍する

　ITインフラでいろいろな手作業を自動化するツールに、Pythonで書かれた「Ansible」というものがあります。これを導入するという話になったとき、当時たまたま知り合ったPythonにくわしい和菓子屋みたいな名前の会社の紹介で、適任な教師を見つけることができました。

　教育してもらうのは、長くインフラをやっている、優秀だけどそれをあまり見せたがらない社員にしました。彼はメーカーの研修などにも参加していましたが、研修にあまり良い印象を持ってはいなかったようでした。

　教育も日が経ち、順調だという話を講師からも聞いていたある日のこと。

「冪等性（べきとうせい）ですよ！　ほんとに、いいことを教わりました」

　その社員から、こう声をかけられたのを覚えています。
　冪等性（idempotence）とは、その操作を何度繰り返しても同じ結果になるという性質を表す言葉です。それまで手作業で指示をしていた彼にとって、世界が変わるような技術だったのだと思います。
　多くの事故は、決められた順番でおこなうべきところをまちがえることが発端になります。そして、元の状態に戻すことに失敗して、事故がどんどん大きく複雑になっていきます。自動化のツールを使っても、流す順番に気をつけなければならないのであれば、同じことが起きてしま

います。何度流しても同じ結果になるように自動化することが重要なのです。

　そのための考え方や工夫を学んだことが、彼には本当にうれしかったのだと思います。経験があり優秀な社員でも、良質な教師から新しい教育を受けることでさらに飛躍できるんだと感心した出来事の1つです。

5-5　「育成型のクラブ」をめざした理由

　ここまでお伝えしたような努力はしたものの、グローバルにハードウェアやソフトウェアを展開する企業に比べれば、エンタープライズ企業はどう頑張っても年俸の高さも最新技術の吸収力も劣ります。もちろん、人事制度を変更できるのならばいいのですが、それと同時に企業の営利構造を変革しなければ、長続きはしないでしょう。「技術者用の給与体系がない」という問題を解決するために、新しい給与体系を作ったとしても、5年から10年ぐらいなら持つかもしれませんが、収益に直接結びつくのでなければ、次第に報酬は市場価格とは合わなくなっていくでしょう。

「人事制度を変えないで、どう考えれば技術者のキャリアアップに対して貢献してあげられるのか？」

　自分なりにたどりついた答えは、「育成型のクラブ」でした。育成型のクラブとは、海外のプロサッカーなどで若手選手を育成してビッククラブに売るクラブを指しています。
　自分の所属する企業がグローバルに展開するGAFAMのような企業になる気がない限り、自社の報酬はトップクラスの企業より見劣りすることは変えられません。ならば、「トップクラスの企業へ転職して巣立っていけるくらいの技術者を育てることができればいいのではないか」という考え方です。

そんなことが可能なのか？
少ない結果ではありましたが、幸運と本人の努力や才能により、有名なコンピューター関連企業やクラウドベンダー関連に巣立っていった実績は残せました。

なぜ、そういう路線が可能になったのか？
それには、育成に関連してIT業界全体が抱える問題点を利用できたからだ思います。3つほど例として挙げてみます。

①人材を「長い目で見て育成」しなくなった

まず、技術者を長い目で見て育てるという空気が業界の中から消えてしまったことです。どちらかというと「育った人間を手に入れる」という空気が蔓延しています。これは古い話になりますが、1990年代にバブルが崩壊して「構造不況業種」と呼ばれるようになったあたりから始まったのでしょうか？

運用という仕事よりも開発という仕事が評価される度合いが大きくなっていったのも、その頃だったと思います。予算が厳しくなり、開発の納期も短くなっていったせいもあるかもしれません。結果的に、「早く結果を出せる人間を集めたい」ということになり、人も削減される中で、長い期間で人の成長とシステムの成長を共存させることができなくなったように思います。

②「今後も必要な新しい経験」を積むのが難しくなった

育成をしなくなったため、新しい技術的な要素のあるプロジェクトには、その技術の未経験者を着任させることがなくなりました。未経験の人間が参加できるとすれば、予算管理やプロジェクトのマネジメントの手伝いなど、技術を習得するという目的以外のケースばかりになったように思います。

技術者の能力を育てるうえで、実戦での経験はかなり大きな意味を持つと思います。当然、座学で学んだことも役に立ちますが、それは**静止した、整理された知識**です。実際に目の前で起こる問題は、座学で学んだ内容と同じでも、見られる情報はまったく同じにはなりません。ときには、座学で学ん

だ問題が、それとは違う新しい問題のフリをしていることもあります。そうした現実世界にあるたくさんの不確実なものや罠を経験することで、座学での知識を生かせるようになります。

　しばらくすると、慣れが生まれて、経験が自分を裏切ることも起こります。料理で包丁の使い方に「上手切らずの下手切らず」という格言があります。経験を積み、達人と言われるようになれば、誤って自分の指を切ることはありません。初心者も、常に注意していれば切ることはありません。経験を積み慣れた程度の頃に、油断して切ってしまうということです。そう考えると、初心者を入れることのリスクは、だらだらと中途半端に慣れた人ばかりにするよりも少ないのかもしれません。新しい未経験者を入れ続けることで、少し慣れた程度の経験者にも新陳代謝が生まれ、集団全体の成長を促されていたのではないでしょうか？

　残念ながら、古くて先のない技術の保守へ未経験者を入れることも耳にするようになりました。しかし、その未経験者たちが経験を積んでも、その先に技術者としてのキャリアは望めないように思います。やはり、新しい未来への人材の投資には、未来の問題を解決するために現在のリスクを負うマネジメントが必要だと思います。

③「育てたのに出て行かれると困る」という風潮が強くなった

「いくら教育しても、転職されたら投資がムダになる」

　そんな意見をよく耳にしました。

「今、世の中で求められるような技術を身につけさせると、皆いなくなってしまって意味がない。それなら、協力会社に人材を出してもらっても同じことだ」

　そんな話も聞きました。
　この考えでいけば、技術者を社内に抱える必要はないということになりま

す。しかし、どんなに優れた技術者を社外から出してもらったとしても、事業会社の中に技術者がいない状況では、彼らに力を十分に発揮してもらうのは難しいと思います。

また、必要な技術と経験を持った技術者がそうかんたんに見つからない時代になってきました。そう、業界全体が「ほかのだれかが育てた人材を利用すればいい」と思ってしまっているために、必要な人材が見つからなくなっていくという、負の循環に落ちてしまっているのです。

そうして、すべての場所で「出て行かれたら困る」という考えでいると、巡り巡って、自分の首を締めることになる原因を作っている面もあります。

つまり、

- 人材を長い目で見て教育する
- 未経験でも必要な新しい技術の実践を積ませる
- 人材を輩出することを許容する

ということができれば、「育成型のクラブ」という目的が達成できる可能性を高められる、という話になります。

5-6 「人材育成力を強みにする」という考え方の是非

「中核となる強みは人材育成」と考えれば、前述したようなことはあたりまえに方針として決まってしまいます。そうなると、人材育成して人材輩出するまでの間、「事業を進めるうえで得られるメリット」と「育成される技術者のメリット」が十分に釣り合うのかどうかが課題となります。

> 事業を進めるうえで得られるメリット

技術者の人材育成は重荷です。ということは、新人や未経験者をとるのが嫌になります。

技術者が目の前の仕事に追われながらなんとか持ち堪えていることの多い

状態だと、そのうえ足手まといが増えてしまえば何も進まなくなると思うのがあたりまえでしょう。マネージャーが「未経験者や新人でもいいから欲しい」と切実に思っているのは、"崩壊している仕事"を抱えているときぐらいしかないように思います。

その状況から脱する現実的な方法は、第4章で触れたような人材育成の仕組みを入れることです。短い時間であれば、経験の豊富な技術力の高い人を外部から1、2人なら見つけてこれると思います。そして、彼らの力を借りながら、目の前の問題を解決すると同時に、人材育成のカタチを作り上げることは可能だと思います。その経験は、その後、組織の中に深く刻まれます。

こうして人材育成の仕掛けを組織の中に作り上げた後、それを維持していくためには、組織のアウトプットを人材育成の分、減らさなければなりません。目安として自分が持ったのは、第2章で挙げたように、アウトプットを60％くらいに保つことでした。そうすることで、組織の中で上位にいる人間にだけ依頼が集中することも防げます。そして、ベースとなる組織の対応力の絶対値の向上を維持することも可能です。また、成長していった技術者は、あるステージからはその業界の最高峰を見て巣立てるので、社内にいることに対して強く不満を持たずに済ませることも可能です。

この場合、長期的に見ると組織の成果は大きくなりますが、短期的には評価はあまり高くならないことが多くなります。MBO的な評価は、マネジメントとして芳しくないでしょう。しかし、それを上回る利益が組織の中には生まれます。そしてこれは、会社のトップを動かすことができない中でも、マネジメントの範囲内で可能なことでした。

育成される技術者のメリット

未経験でも新しく魅力のある分野にチャレンジできることや、とても難しいトラブルの解決を経験できることなどは、メリットとして与えられるものです。それは、仕事をマネジメントしていく人間の裁量で、ある程度苦労すれば可能なことでした。

しかし、「技術者がコストと見なされる」という状況下では、技術だけやれ

ている人が年次とともにほとんどいない状況になります。結局のところ、部下を持つ管理職になるしかないキャリアパスが見えてくるため、技術職として生きていこうとすると先がないように思えてしまいます。技術職から「技術職をベースにしたマネジメントをおこなう」立場になる道は当然ありだと思いますが、「それしか道はない」というのは閉塞感が生まれます。

その閉塞感は、人材が本人の力量次第で一流になれる環境を作るとともに、「今いるところから外部の有名な企業へ行くことはかまわない」とキャリアアップを認めることで、なくなります。社内での小さな世界の背比べではなく、世界の中での自分を見ることもできます。

こんなふうに考えてマネジメントを続けていると、組織的にも形になっていきました。

5-7 育成は人のためならず

育てた人間が身近に留まろうと、広い世界に出ていこうと、決してその人だけの話にはとどまりません。目先のことだけに囚われると、技術者を本来発揮できる潜在的な力まで到達させることができずに、企業という狭い世界の損失ではなく、その技術者のいる業界の大きな損失となってしまいます。

そんなに大袈裟なことを言わなくても、

「育てたことで、より高度な技術者になるキャリアアップのために出て行ってしまえるようになるのは、むしろ誇りに思うこと」

という割りきりを示すことは、技術者たちの「育ててもらえる」という安心感と信頼の拠りどころになります。

自分たち育てる側からは

「辞めるなら、業界内外で優秀と言われているところへ行け」

という要求となりました。そして、それは育成した結果の目標になります。

ユーザー企業内での教育というと、社外から講師を呼んでおこなう座学やグループワークなどもありますが、もっとも重視されるのはOJTです。しかし「育成型のクラブ」を目指すとなれば、それだけでは技術者としての成長は足りません。

何よりも、**育成者という技術者**は、仕事を覚えて自分で技術者として成果を残すのとはまた違った技術を必要とされる人材です。そして、**人材を育成するシステム**も自分たちで作らなければなりません。それを自組織の中に持とうとすることは、教育の時間の確保と、教育される側全体のレベルアップ、すなわち、日常業務の質や業務を継続するために必要な知識の共有などの仕組みをもたらすことになります。それこそが、育てるマネジメント側が得られる、形のない財産、得難い宝物になります。

育成して巣立った人たちが、業界内外のステータスとなる企業に行き、自分たちを育ててくれた職場に対していい評判を立ててくれることは、育成した職場のステータスも引き上げることになり、いい評価が循環します。たとえば、採用の場合、就職した卒業生の後輩たちは、先輩から就職先の実態を聞き、それが評価となって広まっていきます。いい評価が広まれば、それだけ将来の可能性のある人が来てくれることになります。技術者の業界内での評判は、思うよりも広く深く広まるものです。ベンダー企業の自分たちへの対応も、そういう評判があとを押してくれることになり、より誠実となることが多くなっていきます。「あそこのお客さんはヤバイ」と言われることは、決して悪い意味ばかりとは限りません（笑）。

技術力を持つ可能性のある人間を新しく受け入れて育て、輩出するマネジメントは、技術者というものを経験しているマネージャーのほうが自信を持っておこなえると思います。技術者に来てもらう側のユーザー企業からも新しい人材を輩出するだけの育成の道筋が作られれば、未来の問題を解決する可能性も大きくなると思います。

Column 新しい技術や開発手法と相性の悪い組織

　技術者だけではなく、取り入れる技術も同じように縛られます。まず、次の条件を満たす技術でないと採用されません。

- 教えてくれる専門家が存在している
- 公開された技術で、多数の技術者が参加しており、社内の複数の人間が理解できる
- 高い技術力を持った集団でなくても維持できる

　かといって、利用するだけしかできないものも、極力避けないといけません。本来自分たちで問題解決をおこなう技術を身につけるのが目的なので、意味がなくなってしまうからです。

　これは「将来にわたって持続できるか？」という視点からの判断です。実際のところ、社員によって技術力を高め、内製を推進するという組織の方針が未来永劫続くとは限らないでしょう。それが、事業継続にとって直接利益を上げるためのものならいざ知らず、間接部門ではどこかで方針が変わることも十分にありえます。そのときにも、継続可能な手段があるものでなければなりません。

　技術手法に関しても、悩みの種だったりします。代表的なものは「スクラム」かもしれません。スクラムが組織内で定着するかどうかは、人事評価の対応をおこなうかどうかが9割を占めると思います。手法の効果は否定しませんが、導入して継続させるには、人事評価を変えられるかどうかが問題になるということです。いくつか挙げてみます。

評価すべき成果を何にするか

　基本的に定量を求めるのが一般的なMBO（目標管理制度）です。しか

し、スクラムにおいて、定量かつ期限つきの目標を設定することは矛盾します。

個人の評価とチームの評価の連動はどうするのか

組織の目標から個人の目標へ落とし込むのが普通です。チームとして成功を収めたとしても、その中で個人が何を達成したのかで評価されます。

同じ目標で、チームとして目標を達成することがスクラムのよさであるのならば、チームの成果と個人の成果が異なる目標を設定するのは矛盾します。さらに、チーム別の評価はどうすればいいのかという問題も起きます。

個人間の評価の差は何でつけるのか

当然、だれが一番貢献したのかを評価しなければなりません。しかし、スクラムの目的は、個人の力量で何かを達成することではなく、チームとして最大の効果を発揮することになります。それを評価基準とすると、とても矛盾したことになります。

技術者だけ別の評価を作ることはできるのか

残念ながら、これを**直接利益を上げていない部門**の技術職に適応できる企業は少ないと思います。

スクラムは、「品質を上げる」という行為を正当化できるのがとても大きいと思います。しかし、機能の追加や納期の遵守ではなく、リリースされた品質を評価するということを人事も含めて社内のすべての部門が納得できる企業を実現するというのは、とても難しいことだと思います。

予算の使い方や、外部の技術者に頼った場合の問題もあります。
すべてを社員で賄っているのならば問題はありません。しかし、外部

の会社の技術者も一緒にやるとなれば、その方々も社員と一緒に開発をしてもらわなくてはならなくなります。となると、外部の会社と「請負」または「準委任」という契約を結んでいた場合、「偽装請負」という法律違反を問われるリスクが発生します。これを回避するための指針は厚労省より出ています※が、この指針を守ることで「偽装請負」とならないとしても、常に危険を伴っていることに違いはありません。

　また、現場の社員と外部の技術者双方に指針の準拠を求め管理することは、本来の開発手法から得られる効果を減少させることになります。なので、「請負」ではなく「労働者派遣」として契約するほうが、法律上のリスクはなくなるでしょう。

　ただし、その場合でも問題になることは多々あります。1つ予算上の大きな問題点として、「費用」として発生することが挙げられます。費用は当期の決算に際して全額損金として計上されるため、決算を下方へ向かわせることになります。それに対して、「請負」の場合は資産として計上されるため、完成するまでは当期の決算を下方へ向かわせることはありません。完成後の減価償却費が、費用として計上されることになります。

　決算の黒字を確保するために費用の発生を極力少なくすることを目的とする予算管理部門にとって、「資産」から「費用」への変更はハードルが高いものとなります。

　このように、開発手法の選定や導入でも「会社組織全体の問題と合わせて考えていかないと、継続的に取り組むことができない」というのが私の問題意識と判断材料でした。

※『「労働者派遣事業と請負により行われる事業との区分に関する基準（37号告示）関係疑義応答集」(https://www.mhlw.go.jp/bunya/koyou/gigi_outou01.html)』

第6章

組織の中のお金の理屈

予算という名の「お金」を獲得するのも、マネジメントの仕事です。予算上、お金には2つの種類が存在します。

① CAPEX（Capital Expenditure）
② OPEX（Operating Expense）

設備などの資産扱いになるものがCAPEXで、事業を運営するために継続的に必要になる費用がOPEXです。

何をするにしても、予算の獲得ができないと、組織の中で動くことができません。

予算を取るということも、ある意味では**技術**です。辛いことも多いですが、「違う価値観の人に理解してもらう」ことは、マネジメントをおこなううえで得られる強力な技術です。何より、自信につながります。

必要な予算を大きく分けると、この3つでしょうか。

- プロジェクトの予算
- 維持の予算
- 人事予算

6-1 プロジェクト予算を疑う

何かのシステムを作る場合には、プロジェクトが発足して、プロジェクトの効果に見合った予算が立てられます。通常は、そのプロジェクトの単位でインフラの費用と資産も発生します。

自分が担当した予算は、次のようなものでした。

- サーバーやネットワークなどのハードウェア機器
- OSやミドルウェアなどのソフトウェアライセンス
- システムを構築するための費用（人月）

- ミドルウェアなどの技術的なアドバイスをおこなう技術支援費用

「このプロジェクト予算で扱われている内容は、本当に正しいのだろうか？」

　それが、自分が組織を存在させるために自問自答した問題でした。

　これはインフラに限らないことですが、プロジェクト単位に予算を組むと、継続的に存在する組織やさまざまな維持をしていく行動の中で不合理に思えることがあります。たとえば、自分が担当していた時代は、いろいろな制約もあり、クラウドを利用するのはかんたんではありませんでした。クラウドを利用しないのであれば、システムを動かすサーバー機器などのハードウェアが必要になりますが、「お金をなるべくかけないで」と最低限の発注をするほうがいいという考え方をすることが多いです。その場合、プロジェクトが発足して予算化する際に、どのくらいのサーバー類が必要になるかを見積もり、プロジェクトでなるべく「最適化（最小限度）」した構成にした後、手配し、設置して、スケジュールに間に合わせる、という手順でおこなうのが普通です。

　この場合、資産の管理はもちろんのこと、利用開始までのスケジュールも、プロジェクトの単位で管理されます。通常は複数のプロジェクトが同時に走り、それぞれのプロジェクトの都合で作業の遅延もあればスケジュールが早まることもあります。たとえば、納期が早まったときは、すでに準備が終わっているが利用は遅いもの、もしくは重要度の低いものをあてがいたいと考えます。しかし、プロジェクト単位に予算が分かれている場合、これはとても難しい作業になります。予算管理、資産管理、それぞれのプロジェクトの責任者の許可などなど、多義にわたる調整が発生するため、ただでさえ作業遅延が発生するような状態ではいい解決策になることはありません。また、それが解決しても、次に影響するという事態が起こります。

都度発注から年間の概算で予算を立てる

　この事態を経験しながら、個別の予算で都度調達する形から、年間を通し

た調達予算に変更できないかと考えました。オペレーションを大幅に変更する必要もありましたが、発注をまとめることにより購買価格も下げられるのではないかという狙いでした。

　予算管理部門と購買部門に理解してもらうために、次のような方針を立てて交渉を進めました。

- 過去数年間の調達の金額と台数を調べてみて、特に顕著な傾向や大きな変化がないのであれば、その数値を元に年間の概算予算を立てる
- 調達の時期を都度にするのではなく、年間2回から3回くらいにする
- サーバーの構成は、どこからでも調達できるよう汎用的にする
- 構成を決めたら、複数のベンダーから見積もりを取り、一番安いメーカーに入札してもらう

　都度発注から概算での予算を要求することを今まで考えたことのない担当者にとって、予算を管理する部門に納得してもらえるかが不安だったようです。しかし、予算を管理している部門は、もともと年間の予算と計画で動くことが基本になります。概算予算や年間予算、予算と実績、昨年度と今年度、というような比較や進め方は得意としているわけです。個別に予算化をするよりも、こちらの形のほうが話もスムーズにいくようになりました。このあたりの感覚は、小さな会社を経営しているとき、身につけたものです（本章最後のコラムを参照）。

　結局のところ、予算は資金と利益を見通すために必要なものです。都度、突然現れるような不確実なものほど嫌われます。

削減する方向ではなく、伸びていく方向へ意識を持っていく

　そうして予算を立てたうえで、大量の発注を回数少なくおこなうと、予算額よりも少ない金額で購入する機会が少しずつ増えていきました。成果の報告は、何も言わなければ

「発注金額をXXX円削減」
「予算金額をXXX円削減」
「1台あたりの単価をXXX円削減」

という自己評価となっていたでしょう。しかし、それでは「0を目指す袋小路」の罠に自ら入り込んでしまいます。
そこから逃れるために、得られた成果は

「同じ金額で**性能台数をX倍以上**」

という形で評価するようにしていきました。
たとえば、「100万円で2台購入」する予定だったのが「50万円で2台購入」できたとしましょう。このときに「50万円の削減です」とするのではなく、「50万円の投資で100万円の資産価値を獲得しました」とするような考え方です。

「追加で100万円投資してもらえば、200万円の価値を生み出すことができます」

そう言えるわけですね（笑）。
実際、この取り組みの中で、予定した金額よりも安い単価で入札できた場合は、その単価で購入量を増やせるように進めていました。その条件が有効な場合は、予算内であれば追加で購入できるように交渉するようにしていました。
削減という終わりのある方向ではなく、どこかへ伸びていく方向へ意識を持っていくことで、個別の変更ではなく、全体像の連鎖を変化させられたのではないかと思っています。特に予算という硬直したものを変化させることで、オペレーションや成果の評価を変えられる実感を持てたことは有意義でした。また、これにより、「プロジェクト単位の予算は個別に発生するものに

絞っていく」という考えも生まれました。

　もっとも、この変更はいいことばかりではなく、問題も多々発生しました。たとえば、毎年購入単価が安くなる実績が続くと、それが当然のように考えてしまいがちです。しかし、コンピューターで利用する半導体の価格は、常に値上げと値下げを繰り返します。また、ベンダーは当然、彼らの長期的な利益を目論んで価格を下げるのですから、業界の状況が変われば値上げすることも十分考えられます。競争状況が悪くなり、価格が反転してしまう前になんらかの手を打とうとしていましたが、うまくいってるときにやり方を変更するのは難しいものでした。

　ただ、そういう問題が起きたとしても、変化して経験してみなければ、いい方向へ進むことはできません。起きた問題に対応し続けていくことが大切です。

6-2 維持する予算は、新しく何かを作るときよりとりにくい

　新しく何かを作るのは、作り上げたものを維持するよりも比較的かんたんです。何かいいことがありますから、「それにお金をかけましょう」と言うだけです。たとえ想定どおりの利益を生まなくとも、「チャレンジしたことで経験値がたまりました」という結論になったりします。成果というのは測り方次第のところもあるので、なんとなくもっともらしい数字を作れたりもします。

　難しいのは、一度成果を確定したものを維持（メンテナンス）する費用を確保することです。この分野は、予算管理部門から毎年毎年削減する目標が降りてきます。いわゆる固定費と同じになるものが多いので、損益分岐点（会社の利益を上げるための最低限の費用）を下げるためには致し方のないことではあります。しかし、きつい。売上と違い、積み上げ目標があるわけではなく、ゴールは「0」なわけです。そして、「0」は通常「廃止」を意味します。

　そして、これは結果的に「プロジェクト」を無限に発生させることの1つ

の原因になります。つまり、維持の予算が取れないので、新しく作り直すことで付加価値を見せて、「廃止しながら追加するようで、じつは維持している」という結果を目指す。

こういうことは、世の中に横行しているように思います。たとえば、橋が老朽化したとします。それを維持管理していると、なんの付加価値も生まれないので、勢い「ともかく安く済ませろ」ということになります。そこで、別の場所に橋をかけることにして、そこでは「もっと交通量が上がる」とか「便利になる」といった説明をします。でも、なんか知らないけど「古い橋も新しい橋ができるまでは必要だ」ということで、修復もいっしょにされている。何もないところから作り上げたときはプラスの価値ですが、次に予算を取るときは、既存からまたプラスにしないと確保できないというのは、まるで呪いです。この手のものは、いわゆる「インフラ」と呼ばれる予算には多い話だと思います。

廃止をすると影響が出るケースを恐れて、廃止を迫ることは予算部門も流石にしてきません。しかし、徐々に予算が削られていきます。往々にして、それが続くと、あるとき潜在的なリスクが顕在化し、大きな**事故**につながることは想像がつくと思います。維持管理の金額を下げていく努力を延々と続けていくと、どこかで安全や品質や余裕といったものを削り始めます。それは少しずつおこなわれるので、「ゆでガエル」のたとえのように、気がつかないうちに最初からは比べ物にならないくらい低いレベルに陥ってしまいます。

これほど難しい予算を確保するのに、いい方法はなかなかありませんでした。基本的には、できる限りの発注先との交渉や作業の見直しによる工数の削減、それと予算部門との闘いです。

それでも、ハードウェアの購入に関わる維持費に関しては、保守のレベルを下げることで対応することはできました。具体的に言えば、24時間365日の保守サポートを極力やめて、故障した物は送り返すことで修理するように変更したことです。

もっとも、これはかんたんに実現できたわけではありません。まず、故障したときに代替できるように、在庫を持たなければなりません。また、壊れ

たハードウェアからユーザーに負担をかけずに別の機械に同じ環境で移して動かさなければなりません。それらの購買、サーバーの構築、動作環境の変更、現地のオペレーション、在庫の管理など、複数の作業を一貫して見直してなんとか実現できることでした。

「クラウドを使えばイイじゃないか？」という話はもっともなのですが、予算管理的には、資産としてハードを運用するほうが、毎年費用として取られるクラウドよりもいいという時期や規模もあります。それも狭いものの見方だといえばそうなのですが、企業にはいろいろな時期があるので、そういう判断になることもあるのです。

Column 承認の負荷に意味はあるか

　技術者も、パッチの承認や新機能の承認などをおこなう立場になることがあると思いますが、開発者の承認作業よりもマネジメントの承認行為のほうが疎まれる傾向があるように感じます。その理由の1つには、否認することの重さがあるように思います。特に、購買などの「支払い契約」に結びつくものに関しては、否認されると社内だけでなく社外の取引先にも迷惑がかかり、否認された担当の信用に関わってきます。予算や購買の稟議で承認をとるのが難しいマネージャーは、疎まれるものです。自分自身も、どちらかといえば、疎まれるマネージャーだったと思います。はじめて承認をもらえなかった部下の顔は、わりと今でも覚えているくらいですから……。

　しかし、意思決定が覆るのは悪いことなのでしょうか？

　どちらかと言えば、承認される文化よりも、否認される文化のほうが健全な気がしています。問題なのは、否認されることではなく、否認されることを承認を求める者の責任と能力のなさに結びつけてしまう文化だと思います。本来の能力を考えれば、承認を求める側よりも承認する側のほうが高いわけなので、否認されることはなんの不思議もないので

す。この手の人の能力と組織の手続きの分離がうまくいかないことで、組織の手続きが持つ本来の有効性を発揮できないのではないかと憂いています。

　承認の単位が細かくなりすぎてしまうのも、マネジメントの悩みとなります。購買で言えば金額の大きさであり、プロジェクトであれば機能の単位になるでしょう。事故が起きたときにチェックする人間を増やしていくのと同じ考えでいると、承認の規模を小さく区切り、何人ものマネージャーを経て承認の質を上げようとします。しかし、これはうまくいかないことが多いです。あまりに承認作業が多くなると、細かく見る時間がなくなり、精査せずに承認をおこなうことになっていくからです。

「承認作業に何の意味を求めるのか？」

　それが重要なのだと思います。そこに承認者の責任ばかりを求めると、いたずらに負荷を上げていくだけで、結果的に飽和してしまうのではないでしょうか。
　1つ思うのは、開発において承認と否認が低コストでおこなわれるほうが良い改善が見られるのであれば、予算を含めたマネジメントの承認も同様にしたほうがいいのではないかということです。そうして申請側のレベルを上げるような仕組みがないと、全体の質と量の改善は見込めないと思います。
　いずれにしろ、管理や承認に関しては、1人の人間の作業の限界は現実的に存在します。それを無視した仕組みを作ることは不幸になるだけです。

6-3　人事予算をどう考えるか

人事予算は、採用（日本だと新卒採用の枠と中途の採用の枠）、人事考課

（いわゆる昇給と昇格）の2種類になりますが、この2つは詰まるところ1つにつながっているものです。

人員を採用して組織の人数を増やすことは、人事考課の予算の合計金額を増やすことにつながります。人事考課の予算の割り振りは各社それぞれですが、人数が増えれば、その分、給与支払予算の総額も増え、昇級の原資も増えるという見方はできると思います。

たとえば、「在庫を増やしたとき、在庫の維持費や管理費をどうするか？」ということにある意味似ています。企業は無限にコストを支払えるわけではありませんから、人件費と組織の利益への貢献度の費用対効果は、自分なりの数値化をおこなわないと、予算の話を考えることはできません。

企業によりいろいろな考え方はあると思いますが、採用は人件費の増加になるので、当然、予算で管理されます。人を物扱いするようで最初は違和感があるかもしれませんが、自分の組織にいくらの人件費がかかるかは、マネジメントするうえで大切な指標になります。

人を増やせば利益も増えるのか

採用をどう考えるかは、会社の規模にも左右される問題です。また、会社の売上を人が増えることで伸ばしているのか、それとも、人以外の物やサービスの売上を伸ばしているのかによっても変わると思います。

私の場合、小さな会社の頃には、人員を増やすことによる財務的なプレッシャーは大きなものでした。とはいえ、営業や開発などのメンバーは「人が増えないことには、売上はもちろん、会社でできることも増えない」という考えを持っていましたから、常に対立していました。

基本的に、マネージャーはいつも人が足りないと感じていて、「増員してほしい」と要求し続けます。そのため、人事の予算に関しては不満を抱くことになります。極端な話、組織に構成員が1人しかいなければ、マネージャーの裁量で動かせる金額はとても限定されたものになります。予算をどう割り振るかという問題をパーセントで考えると、絶対値の大きいほうが与える効果が大きくなるということですね。人員増を要求するのは、それも影響して

いると思いますが、意識しているマネージャーはあまり見つけられませんでした。

　逆に言えば、少数精鋭の小さな組織を運営したい場合は、組織を超えたなんらかのアピールで自分の裁量を超えた予算を割り振ってもらうか、特別な人事制度を作らなければ、予算上は継続することが難しくなります。
「人材は財産である」というのはよく言う話ですが、**人材は費用である**というのも事実です。

「いかにして、費用ではなく、利益を生み出すために必要な『資産』となるか？」

　そのロジックを作り、予算を管理する部門に理解してもらえるかが、マネージャーの仕事になります。その意識がないと、

「こんなに仕事の量があるのでは、人がいないと仕事がこなせません」
「人が辞めたので、補充してください」
「経験者が足りないので、増やしてください」
「新人がいないと、仕事の継承ができなくなります」

などと言うだけになってしまい、本当に人材が不足していて組織の利益のボトルネックなのだとすればお互いが不幸な結果になってしまいます。
　基本的に、間接部門は人員増を利益に結びつけて考えることが難しいという問題もあります。社内ITの人材の場合も、同様の難しさを抱えています。**社内のシステム化が会社の利益を増やすことになる**という説明がつくロジックをかんたんに見つけられることはないでしょう。**間接部門の利益貢献はコスト削減**というのが定番となります。

採用のために何ができるか

　新卒採用に関しては、会社の経営方針としての割り振りの面が大きく、一

部門で何かできることは少なかったです。人事が募集したインターンを積極的に部署へ受け入れたり、大学へ出向いてお話ししたりというような、予算よりも供給元への積極的なアプローチをおこなうことがおもな関わりでした。そうした取り組みで先方から指名してもらえれば、新人を獲得する実績は作れました。

　また、そういう行動を人事部門と一緒になって進めることで、彼らとの連携も取れるようになりました。一般的に、人事から採用のための応援を頼まれても、仕事への負荷からあまり積極的に参加する気持ちにはならないのですが、一緒に自分たちの新卒採用につながることをおこなうと、気持ちは変わるものです。

　中途採用では、**市場からの調達（額）との差（額）で示すやり方**が一番かんたんでした。特に、社内の業務システムの開発者ではなく、ミドルウェアやDBAなどの人材が対象だったので、そもそも市場での調達が難しいという話もできました。会社の方針として、社内システムの内製化が叫ばれていたのも、その方策を取りやすかった一因でした。

　そうなると、採用する人材の技術力や経験が自分たちの実際の業務で必要なのかを判断する必要が生じます。そのため、中途採用の際には、人事だけではなく、自分たちも必ず同席することになりました。

　採用の給与に関しては、対象者の保有している技術や職場の経験から、同程度の人材を協力会社に頼んだ場合の月額を参考にしつつ、採用予算の範囲内で決めていく形が多かったです。ほとんどの場合、月額単価で言えば、協力会社に頼むほうが高いです。社員となると、長期間キャリアをともにすることになるので、短期的に必要な技術力だと採用の許可や年収の提示をとれず、採用するのは難しかったです。転職前より給与や勤務時間が悪くなるときは、採用はほぼ無理でした。予算の増加は難しく、諦めることがほとんどです。

　しかし、微妙なラインのときは、転職後の技術的なキャリアアップの内容などで説得していきました。幸い、社内の当時の環境では、ミドルウェアやDBAが扱うインフラの規模は大きく、社員を中心に対応できていたので、そ

の分野での経験や学習支援などをアピールすることは可能でした。社内のIT部門へ転職を希望してくる技術者の場合、給与アップを求める人もいますが、それ以外が動機の場合も多いです。後者のケースでは、入社してもらえることもありました。

このような**給与以外の教育や仕事内容で人材を取れる**という実績を人事系と共有できると、教育や資格取得の支援など、その方面の予算を獲得しやすくなる効果もあります。「転んでもただでは起きない」という気持ちで、コツコツ拾うのが大切です。

6-4 予算の仕組みを知っておく

何を意図して作られたのか？
どうやって動くのか？

それを理解しようとすることが技術者の本能であり、だから根掘り葉掘り探るので、疎まれることになるのだと思います。しかし、「予算」という話になると、関心を持つ人は少ない気がします。予算は「押しつけられる」と感じるからかもしれません。だれしも、理由を納得するまで説明されずに自分の行為を約束させられることには不快感しか抱きません。特に、自分にとって苦手な分野であれば、反射的に「もういや！」となり、思考停止に陥るのも仕方ないことでしょう。

とはいえ、予算というものは長い年月をかけて必要なものとして磨かれてきたツールです。であれば、よりよく使うために理解することは必要不可欠ではないでしょうか。

> **予算は会社を守るためのツール**

予算を考えるときに「自分の取り分はいくらか？」あるいは「自分が稼がなくてはいけない金額はいくらなのか？」と考えるのが、経営層ではないマネージャーの素直な気持ちだと思います。前者は社内のコスト部門、後者は

営業などの売上を立てる部門ですね。

　技術者のように作り出す部門は直接販売する製品を作るケースもありますが、その際にも「いくらで作れるか？」というコストの見方で判断されることは多いと思います。

　特に財務や経理の人間が予算で管理する一番重要なことは、今期の決算での成績です。何年もかかる「中期経営計画」も重たい責任ですが、ともかく今期を乗り越えられなければ、その先はありません。どいつもこいつも、

「今は採算が取れなくとも、いずれは莫大な利益を産む」

と言って予算をとりにくるのが日常です。振り返れば、何の根拠もなかった販売計画や、当初の投資金額をはるかに超えても未だ達成されなかった社内の改善計画などが予算を立てる部門に刻まれた結果、会社を守るためのツールとして作られたのが予算なのだと思います。

　同時に、予算は財務や経理部門とほかの部門のコミュニケーションツールでもあります。コミュニケーションをとるには、相互の理解、つまり相手のことを理解する必要があります。

　たとえば、予算に直接は記載されていませんが、企業が存続するためには資金が必要です。大きな企業でも資金が常に余るようなところは少なく、多くは銀行や投資できる人から資金を集めて一時的に足りなくなる資金を補います。資金が足りないときの予算がどうなるのかは、調べてみればある程度はわかってくると思います。

　わかりやすい例で言えば、「先払い」の計画を極力やめるようにするということでしょうか。これは、サポート料金などに響いてきます。また、協力会社などへの支払いの間隔をなるべく伸ばそうとするかもしれません。もし、今、自分の会社が資金に関してどういう状態なのかを知らなければ、そうした要求を理解することはできないでしょう。

　どうやったら、そんなことがわかるのか。財務部門などと信頼関係を結ぶのが一番ですが、決算の開示資料などを読み解いてもわかることはあります。

マネジメントをやるようになったのならば、自社の決算資料は頑張って読めるようになるのは必要なことですね。

そうして会社全体の**生き残るためのお金**を確保するために財務や経理は予算を絞ってくるのだという理解を持てば、「理不尽なことをされている」とは思わないのではないでしょうか。

自分たちに見えるものを財務・経理が飲み込める形に落とし込めるか

大きな会社の場合、予算は決算の損益を想定して作られます。売上を上げる部門では、売上予算と合わせて、部門の損益で目標が立てられることも多いでしょう。間接部門に関しては、前年度との比較で、基本的には削減の目標を立てられることが多いかと思います。何か特別なプロジェクトなどがない部分に関しては、財務・経理は**決算を良化するためにはコスト削減が必要**と考えるものです。

とはいえ、ともかく毎年削減となると言われるほうは、かなり憂鬱になるものです。予算が0となると何もできないので、削減ではなく、何か別の価値で予算を認めてもらうような提案をします。よくあるのは、他部門の損益の改善や利益の向上に対して貢献するようなプロジェクトで予算を作ったりすることです。それは、予算の達成を求められる間接部門にとっては非常に苦しいだけのものだった記憶があります。ただ、売上を上げるプレッシャーはないのがどれほど楽なものかも理解できていました。特に、データセンターや機器の購入を含めた皆が共有して利用するインフラを担っていたせいか、予算を1年単位で図っていてはうまくいかないことが見えるようになりました。本来は長期的な効果を見ることができるのが、間接部門の利点なのだと思います。

そこでは、**技術力がないとわからない投資、費用のこの先数年を通じての変動**など、自分たちには見えるものをいかにして財務・経理が飲み込める形に落とし込めるかを考えることが大切です。たとえば、コンピューター関連だと半導体の価格変動はとても有名なので当然知っているものと思いがちですが、ほとんどの企業はコンピューターの価格変動と半導体の価格変動など

結びつけてはいません。そこをわかってもらう努力はするとしても、彼らのルールの中での実現は考えなければなりません。「大量の製品を購入するのと同時に、あるいは値引きの代替えとして、部品であるメモリやSSDなどの半導体を一括購入して備蓄する」などの工夫はできると思います。

　こういう大きな「法則」の話を理解しないと細部も正しく対応できないのは、技術者にとってわかりやすい教訓なのではないでしょうか？

　予算をただの財務・経理との「交渉」とだけ考えずに、「なぜそうしなければならないのか？」を理解しながら論理を組み立てていくのも、技術者の経験を生かしたマネジメントだと思います

　そしてここでも、過去から未来を見据えたさまざまな考え方が大切になります。

6-5　お金をかければ良くなるなら、かけたほうがいい

「1日を48時間に伸ばすことができたなら、1週間を10日間にすることが可能なら、永遠に今日が伸びてくれれば!?」

　そんなふうに願ったことのないマネージャーがいるのなら、とても羨ましいです。

「あともう少し時間があれば、あんなその場しのぎの解決方法はとらなかったのに」
「あのときまちがいに気づけなかったのは、ほかのことに時間をとられてしまったためだった」
「時間稼ぎのために選んだ解決方法のために、そのあと長く苦労する羽目になった」

　そんな想いをたくさんしてきました。能力の限られていた自分にとっては、時間の制約に向きあったときほど無力さを感じたものです。そうならないよ

うに事前に準備をしたとしても、完全に防ぐことはできませんでした。

「事前の準備のほかに、時間の不足に対して有効な手段はなんだろうか？」

　足りない頭で考えた結果、得た答えは、「お金をかける」ということでした。時間をお金で買えるケースを事前に調べあげておくということです。

　予算は制約です。コストパフォーマンスを考えたとき、あるいは、メンバーに経験を積ませたいと思うとき、お金を削り、汗をかいて問題を解決するという方法がとられます。あるいは、見通しが甘いということもあるでしょう。それらの目論見が外れたとき、多くのケースでは、そこから時間の遅れに対する対応が始まります。そうなれば、時間はますます過ぎ去っていき、後悔するような解決策しかとれない可能性が高まります。

　時間が浪費されることの1つの例を挙げておきます。

　通常の業務ではネットワークの使用量が1Gいくかどうかというデータを格納しているデータベースのサーバー群がありました。そこに、10倍の10Gの容量を引いてもらいました。リリース後のネットワークを管理する担当者からは、「利用されていないのだから、1Gに落として、機器の値段を下げてはどうか」という提案がきましたが、「そのままでいい」と許可しませんでした。

　いずれ、データがサーバーに溜まっていきます。過去の経験から、いつか事故が起きて復旧の作業が走るとき、10Gの容量がなければどれだけの時間がかかるのか、そのときに失った時間が取り返しのつかない影響を事業に与えることを知っていたからです。事前に問題をお金で解決する方法は調べておき、実際に適応できるように準備をしておくことで、時間切れを回避できることはあります。

　楽をするためにお金をかけることは、マネジメントで避けるべきことです。過剰にリスクを避けるためにお金を使うことも同様です。しかし、お金をかけることで良くなること、特に時間を短縮できることにかけることは、長い目で見て一番いいお金の使い方の1つです。

　そんなことを気にかけるよりも、目先の予算の削減に邁進したほうが評価

されることが今は多いのかもしれません。しかし、時間は増やすことができないのです。

Column 覚えておくといい資金繰りと信用の話

　小さな会社の創業メンバーから、バックヤードのちゃんといる会社の会社員に移った自分にとって、「会社のお金」のことを考えなくていいのは本当に天国にでした。小さな会社の財務責任者をしていたときは「会社の現金は何ヶ月保てるのか」という、いわゆる資金繰りのことが頭から離れませんでしたから。

　小さな会社にいたときの最大の関心は、次の2つでした。

- 資金＝支払いのための現金を確保できるか？
- 決算＝会社の決算は黒字になるか？

とにかく現金を確保する

　現金を支払わなければならないときに支払えなければ、会社は存続できません。どうやって支払いの現金を期日までに確保するかが、一番重要な資金繰りのマネジメントになります。

　資金繰りの原則として、「先払い」よりも「後払い」もしくは「分割払い」がいいです。たとえば、年間の頭にまとめて支払うようなタイプの予算はとても取りにくいものですが、それは先に現金がなくなってしまうからです。

　逆に、受け取る側からすると、「前払い」は資金繰りが楽になるので、とてもありがたいものです。そのため、多少値引きをしてもかまわないということになります。

　まとめてたくさん買ってもらえる場合にも、値引きは大きくなります。こちらは、**現金から物に変わってしまった在庫がまた現金に戻る**という

効果も理由としてあります。

予算額だけ見れば、「前払いや大量購入で安くすれば節約できる」と考えるはずです。ところが、意外とそれが通らないこともあります。たとえば、会社が上半期は資金を絞る方針でいた場合などは、上半期に大きな資金の支出があるような予算は組まないようにしたほうがいいと考えます。こういう傾向をつかんでいると、予算をマネジメントしやすくなります。企業によっては、逆の場合もあるかもしれません。それは、どういうタイミングで資金が豊富になるのかによります。一般的には、上期より下期のほうが予算は甘くなる気がします。

小さな会社にいた頃を思い返せば、売上入金と給与の支払いがほんの数日の差しかない時期には、「もし入金がなければこれで給与を払ってくれ」と事務処理の人に自前のローンカードを渡したものです。当時の社員のほとんどは創立メンバーだったので、緊急事態となればそいつらにはお金を払わないことが前提でできたことですが……。

副作用として、その事務の女性が、私の知らないところで営業に「もっと稼がないと私の旅行代が出なくなるでしょ！」と発破をかける事態になっていました（笑）。自転車操業というのは裏方を強くするものなのだということも、このときの大きな学びです。自分で直接稼ぐことのない財務や、バックヤードで資金調達に直接関わる人間がみな最終的に強面な内面を持つのは、そのためかとも思っています。

黒字の信用がなければお金は借りられない

そんな会社の資金をなんとか持たせるには、外から資金を注入するしかありませんでした。いわゆるベンチャー企業は、出資者から資金を募ることで、資金を保っていきます。しかし、私のすごした小さな会社は、創立者のほかからは出資がありませんでした。

そうなると、銀行からの借入金しか方法はなくなります。借入をおこなうためには、審査を良くしなければなりません。自分の場合は、そう考えて**決算の黒字化を積み上げる**ことを目標としていました。おかげで、

税金を納入すると資金がゴッソリ減るという悲しみもありました。
　そうはいっても、世の中が不況で借入が難しく、営業の見通しも暗いときには、飛び込みで地方銀行へ入り、融資の相談をしたこともあります。そのときに、前のめりに説明をしようとする部下を制して

「あなたが本当に今しなければならないことを、帰ってもう一度考えてからいらっしゃったほうがいいですよ」

と言ってくれた銀行の管理職の方はよく覚えています。冷静に考えれば、借入金を増やしたところで返済のあてはありませんでした。そもそも、なぜ飛び込みまでしたかといえば、長期の借入を主要取引先銀行が渋り、1年以内の短期借入金しか融資してくれなくなっていたからです。つまり、利息が高く、返済は短いという不安からだったわけです。それより、支出を押さえ、売上を伸ばす方法を考えるべきだったのです。
　資金を調達するのは、そのお金を使って将来借りたお金を返せるだけの回収が見込めるときです。それがないのに借りてしまえば、返済できずに倒産することとなります。
　幸いにして、そのときは営業の頑張りで売上を回復させることができました。しかし、景気が悪くなると資金を銀行などから調達するのが難しくなることは、おかげで骨身に染みました。**晴れた日の傘**とは銀行のお金の貸し方を皮肉った表現ですが、それ以来、貸してもらえるときにできるだけ長期借入金を借りるようにマネジメントしていました。当然、利息は払わなければなりませんが、借入額はそうかんたんには大きな額で貸してはくれないので、利益に利息が与える影響よりも節税効果になるくらいのものでした。
　小さな会社だと、赤字でもかまわないというケースはあります。赤字にすることで税金などの支払いが少なくなるので、そのほうが楽な場合には無理に黒字にしない企業もあります。また、ベンチャー企業などで資金を入れている出資者は、黒字よりも企業の価値を大きくすることを

求めるケースもあります（「顧客数の増加」や「売上規模の拡大」などが出資を受け続ける条件）。出資者が資金を追加すれば、会社は存続できます。決算の数字が良くても資金が続かなくなれば倒産しますが、逆に決算が赤字でも資金が続くなら倒産はしません。

小さな会社の財務の頃は、同じような規模で儲かっている同業者に「なんで黒字にしてるの？」と訝しがられることが多かったです。大概の同業者は、役員の報酬を大きくしたり、いろいろな備品を買い込んだり、くわしくは知りませんが合法的な手段で赤字にしていたようです。なぜなら、法人税を現金で全額一気に支払うというのは、小さな企業にとっては資金の減少としてはキツイものだからです。

それは決算という資金とは結びつかない計算から導き出されますが、**否応なしに現金を持っていかれる**ことになります。たとえば、決算上は費用として利益から引けるものでも、税金の計算上は費用と認められないものも多々あります。そうなると、決算上の利益からみれば大きな割合で税金が引かれていくこととなります。そういうことは、大きな企業の管理職の人々は教養として持っていても、自分ごととして考える人は財務や経理を除けばとても少なく、それを知ったときの驚きは大きかったです。

黒字を続けて銀行など公的な機関からの信頼を得るという方針は、業界自体が「構造不況業種」とマスコミから騒がれ不況の波に飲み込まれたときに役立ちました。創業以来、一度も赤字を出していない決算は、新規顧客を含め、取引の審査で必要な信用を勝ち取ることができました。加えて、メインバンクの都市銀行から継続して長期と短期の借入を続け、取引の実績を積み上げたことで、ほかの金融機関との取引開始に優位な審査結果を得られました。残念ながら、赤字にしていた知り合いは、業界が信用を失うとともに、ほぼ消えていってしまいました。

結局のところ、決算という共通のルールで「赤字を出さずに10年以上継続している企業は少ない」という厳しい現実があり、逆に言えばそれには信用という価値があるということです。

そんな気長なことをせず、どーんと儲ける企業もあるので、これが唯一の正解とは言えないでしょう。ただ、黒字を続けることの価値を知れたのは大きかったです。そして、黒字の決算であれば良いわけではなく、資金の状態を見なければ本当の姿はわからないのです。

第7章

完成したマネジメントなんてない

人間は、壊れているのか、正常なのかが、物よりもはるかにわかりにくいと思います。それは、停止できないことにも原因があるかもしれません。
　たとえばコンピューターなら、電気を切ることで停止させ、メンテナンスをおこなったり、加熱した部分を冷やしたりして保護できます。人間の場合、眠ることや休息を取ることで回復を図るしかないわけですが、機械のような停止とは違い、本当に休まっているのかはよくわかりません。
　ものすごく調子が良く、元気でやる気もあり、仕事もプライベートも全力で頑張れていて、充実感も半端なく高い人のほうが、じつは壊れていたりします。そういう状況から突然落ち込んだときの落差の深さは、想像を超えるものです。そういう状態の知人がかかったカウンセラーの言葉が、今でも心に深く残っています。

「高く舞い上がってしまうと、その分だけ谷も深くなる。精神をある程度の波に抑えるためには、なるべく上がりすぎないようにすることが必要なんだよ」

　ブレーキのようなものが弱いタイプの人間は、自分自身で心や意思とは関係なくブレーキをかけるきっかけや仕掛けを用意しないとダメなのです。
　動きながら調整しなければ壊れてしまうし、壊れ方もそれぞれなので、判断するのはとても難しいです。先ほどの例だと、ものすごく調子よく見えているときが、じつは壊れているときということになってしまいます。

　うまくいっているように見えるときは、きっと何か悪いことの準備が起きている。
　うまくいかないトラブルが多いときには、きっと次に進むためのヒントや訓練となっている。

　そういうふうに、常に思いたいことと逆の方向へ感情を持っていくことは、マネジメントをするうえで大切なことだと思います。

7-1 スクラップ＆ビルドは夢

　人の体は、多くの細胞を作り出しては壊していくことで成長していきます。やがて壊れた細胞のほうが多くなってこの世を去るわけですが、その前に可能であれば新しい生命を残していくサイクルを繰り返しています。これは、組織でも同じなのではないでしょうか。

　どんどん大きくなって、際限なく膨らみ続けるのは、変化をすることには向いていないようです。大きくなると、お互いの状態が理解しにくくなります。そうなると、どうしても過去のことを前提にしたやりとりが増えていき、新しいことを伝え合うのは難しくなっていきます。変化しないで済むのであれば話は別かもしれませんが、自分たちの外の世界で起こる変化を止めることは非常に難しく、理不尽に思える変化でも対応していかなければ存続し続けることはできないでしょう。

　何もないところから新しいものを作り上げるときは、苦しみもありますが、自由にできるし、無から有を作るので満足もしやすいかと思います。しかし、残念ながら今は、過去に作り上げたものを修正しながら良くしていこうとすることのほうが多いと思います。古いものをスクラップとして捨てて、まったく新しく作り上げていくことを「スクラップ＆ビルド」と言いますが、それをおこなうことはとても難しいというのが今までの経験から得た感想です。

　とはいえ、遺産を永遠に使い続けるのは無理があります。スクラップ＆ビルドの対応もままならないのであれば、修正していくよりも、新しく増やすほうが楽になります。修正は成果がはっきりとわかりにくいですが、新しく作ったほうが「増える」ということで目に見えやすいですし、効果も新規のことなのでアピールしやすい面があります。MBOのような評価制度のせいもあるとは思いますが。

　さて、ここで問題が起こります。新しく仕事が作られて増えていくのに、それを維持していく人数は必ずしも増えてはいかないということです。ITのシステムも、少ない人数で運用できるように対応されていくでしょうが、無

限に増え続けるシステムの面倒を永遠に見るのはとても難しいことです。

7-2 組織に完成はない

どんなことにも、「これが正解」「この形にすれば完成形」というものを求めることは必要です。しかし、今のところ、**組織に関して「これが完成形というものは見つけられていない**と思います。

独自の物理的身体機能、たとえば翼や長い鼻などを持った生き物はたくさんいる中で、特別な何かを持たない人間は、道具などを創造することで、自分の身体とは別に差別できるものを持てるようになりました。物理的身体的機能は、獲得するのに長い時間がかかるがゆえに、かんたんに変更することはできません。一方、創造したものは、それに比べればはるかに短い時間で作り直すことができます。それは、環境が変化し、それまでの優位性を保てなくなったときに生き延びるための対応をしやすいということです。たとえ対応がまちがって失敗してしまったとしても、まちがいを認めて修正する気があれば、修正も可能です。何より、それぞれの個と集団は多様な形態を取れるため、判断も多様性があり、大きな環境の変化に対しても人類としての全滅を避ける可能性を増やせます。

何十万年も前から人類はどうやって生き延びてきたのか、本当にくわしいことは私には理解できていません。けれども、今現在でも地球上でこれだけ「極北」の寒さから「灼熱」の暑さまで広範囲に対応できていることは、多様性と柔軟性の証拠なのではないかと思います。

世界にある人間の組織は、なんて多様なんでしょうか。社会の制度も違えば、学校や会社や地域のサークルのようなものも皆、それぞれ違っています。それだけ異なる組織を作り出しながら『最高の組織の作り方』みたいな本も存在していることに可笑しさを感じてしまうのは、性格が悪いからなのでしょう。

組織が多様になるのは、組織の評価をする客観的な数値を持てないからかもしれません。そのため、「良い組織」という評価には、組織の中にいる「人

間」の感情も入っています。あるいは、組織と相対している組織外の「人間」の感情のほうが大きいことすらあるでしょう。今のところ、感情を測るすべは、客観的な基準としてはないと思います。そもそも、感情というもので測っていいのかすら自明ではないと思います。

　組織が完成していないのであれば、「完成したマネジメントなどない」と考えても、それほど乱暴ではないと思います。多様性に満ちたマネジメントがあることのほうが、自然なのではないでしょうか？

　人間は、不完全な生き物であることを武器に生きているように見えます。不完全な存在の人間の心にある**完成したいという想い**はなくならないのでしょう。「完全な形」があるのかないのかは、今のところ目の前に現れたとは言い難いので、確証はありません。それでも、完成した形を追い続けていくことは、自分たちが制御できない、自然という変化していく世界と渡り合うすべの1つなのだと思います。

　完成した形を追い続けていくのであれば、マネジメントは技術者に向いているのではないかと思います。

7-3　組織の文化が変化の方向を決める

　組織に完成形はないし、組織ですべての問題を解決することはできません。そうだとしても、組織もマネジメントもユニークなそれぞれの価値があり、差別化の要因としても存在します。うまくいっている組織や大きな事業を成功させている組織の作り方や運営の仕方は、世の中に公開され、手本とされます。

　もっとも、真似をしてうまくいったという話はあまり聞かない気がします。それは、**前提が違う**からだと思います。公開しているお手本は、結果的にそうなったということであり、そのようにしたからうまくいったわけではないというのが、いろいろな情報を学び、自身でも試して感じたことです。

　極端な話、多くの人が疑問を抱くような組織でも、「企業の利益を出す」という面でうまくいくことは当然あります。今まで見てきた例だと、オーナー

が突出した個人の力で率いているような場合は、その人の才能と判断と個人の力で**すべてを塗りつぶしてうまくいく**のも見てきました。当然、一緒にいられる人間は限られます。これは特殊なようにも思えますが、短期間に大きく成長するオーナー企業にはそのようなケースが多々あると思います。

組織が継続していくために、意思決定のやり方、メンバーを受け入れる基準、組織内でのメンバーへの評価、チームの作り方などの仕組みをどうやって維持するのが望ましいのでしょうか。

構成しているメンバーが同じ目標に対して納得できているということは基本だと思います。そして、その**共通した目標を常に1番に考える**ことをあたりまえにしている組織が1番強いと思います。オーナーの存在感が強い場合は、オーナー自身がお手本であり具現者となり、「ついていかないならば出ていくしかない」ような作りになります。だからといって、言うことを聞かないから排除されるとは限りません。反対意見を言うことをオーナーが求めるのであれば、それがオーナーと一緒にいる条件となります。

大きなソフトウェアを開発する組織でも例はあると思います。たとえば、オープンな開発でいうと、Linuxカーネルの開発者の組織などは、強いリーダーの意思によって動くことでうまくいっているのではないでしょうか。**優しい独裁者**と呼ばれる人のいる組織は、強力なリーダーによる組織の編成と意思決定とでうまくいっている例なのだと思います。

しかし、参加している人々が成長せず、辞めていく人が多く、辛いとしか感じなくなってしまう組織は、「共通した目標」が建前となってしまうような行動により、**「共通した目標を常に1番に考えるふりをする」ことをその組織のあり方として共有してしまった**のだと思います。「共通した目標」というのは、言ってることや思っていることではなく、**おこなっていることと、その結果に対する評価でしか、納得されませんし、浸透もしていきません。**たとえ、とても素晴らしい企業憲章をすべての組織員が覚えていたとしても、語り合っていたとしても、それで行動と結果が同じになるという保証はありません。それは、組織としてはもったいないことだと思います。

組織の参加者が意識せずに共通して持った目標とそれに基づく行動を「組

織の文化」と言っていいのではないかと思います。マネジメントもまた、組織の文化によって左右されます。何を目的とするかによって、マネジメントはまったく変わっていきます。未来の問題を解決し、かつ、できる限り今の課題も解決する、効果的なものを目指す。そのために、今の失敗を厭わないという文化であれば、良い方向への変化はしやすいです。

オーナーの強力な意志と行動力に引っ張られていない組織では、分散しているそれぞれの集団や個々の判断と行動と評価の積み重ねが文化を作り上げます。意図的に文化を形成しようとするのは、とても難しいことです。意識せずにできあがっていくものなので、それを何かの方向へ意識的に変えようとしても、無意識は思ったように変わりません。変えようとする方向とはまったく違う、変えないほうがいいことを壊してしまうことさえあります。

仕切りのない部屋の中で、雑然とした状況で、ときには車座になりながら開発を続けていたチームが、綺麗で整頓された仕切りのあるデスクに配置された途端、停滞し始めたのを見たことがあります。その際に、席の配置が変わり、いわゆるリーダーと呼ばれる人の席がメンバーを管理するような配置になったのが特に印象的でした。「上下関係をキチンとしなさい」というような指示があったわけでもなく、制度も変わっていなかったのに、たったそれだけでも文化は形成されてしまうことを目の当たりにした出来事でした。

文化は、とても柔らかく変わりやすいくせに、無意識のうちに頑固に自分自身を縛ります。縛られている文化をマネジメントで変えようとするなら、**未来を見据えた時間軸で目標を共有する**ことが大切です。

Column 単純なものでも、かけ合わせると複雑になる

ソフトウェアを作る際に学ぶことの1つに、「小さくて単純な動きをするもの(部品)を作り、それをつないで複雑な動きをする構造を作る」という考え方があります。車にしても、いくつかの部品を分けて作り、それらを組み立てることで製造しています。ブロックでいろいろなもの

を作れる「レゴ」なんかも、それを実現しているいい例です。

　しかし、そうして部品を集めて作っていくとしても、複雑な機能を実現していくと、今度はそのかんたんな部品の集まりが複雑な1つの塊へと育っていってしまうこととなります。複数の部品をつなぎ合わせることで、それぞれの部品の関わりの数が増えていき、つながりを理解することが難しくなり、複雑さが生まれるのです。

　組織も、1つの箱の中の人数が増えていくときに、個々の人間のつながりが複雑さを産む大きな要因となります。人間は元々単純にすることは難しい「生物」ですから、1つの組織の中にたくさんの人間を入れることは避けたほうがいいです。1人のマネージャーが把握できる部下の数は、少ないほど管理しやすいからです。

　しかし、組織の箱の数が多くなっても、組織同士のつながりの複雑さが生まれてしまい、なかなかうまくいきません。全体のつながりが複雑になりすぎないようなバランスをとることは、難しいですが大切なことです。

第8章

正解のない世界でマネジメントをしていくには

「自分のできることは他人もできる」

　若い頃はそう考えていました。結果として、できないことがあった場合に、当然のことながら憤りと

「こんなかんたんなこともできないのは、ちゃんと仕事に取り組んでいないからだ」

というような気持ちで相手に応対していました。しかも、そのあとまちがいに対しての指導や教育を特に手伝うこともありませんでした。せいぜい、参考になる本などを提示するくらいだったように思います。
　ほかの人がまちがえて記述してうまく動かないプログラムを、自分で延々と直すようなことを常におこない続ける日々でした。必然的に「1人で仕事をしたほうがマシだ」という考えになりますし、「マネジメントなんてやりたくはない」と思いを強くする要因でもありました。結局のところは、自分自身に対するコンプレックスと、その裏返しの思い上がりで考えが狭かったのだろうと今は思います。
　その後、自分の力ではいくら頑張っても自分が憧れるような技術者には届かないと納得する瞬間がありました。

「自分ではできないことでも、だれかがそれを達成してくれる手伝いができるならば、それは自分にとっても望むことなのだろう」

　そう考えるようになり、自分の行動を変えるための訓練をするようになり、今に至っています。

8-1　世界を理解するためには、感情が信じたいことを否定する

　マネジメントのやり方は、一般的に思われているよりも自由で、たくさん

あります。今までの仕事の中で、いろいろな考え方のマネジメントを見てきました。一緒に働いていた上司・同僚・部下であったり、一緒に働いたことはないけれど身近な存在の経営者や管理職であったり、それこそ千差万別です。

その中で、自分と同じような技術職を経験したマネジメントの人の数は少なかったです。技術者として開発や運用にかかわり続けることが喜びという人は多く、マネジメントをやってみたもののまた技術者としての仕事へ戻っていく人も見てきました。私も、短い期間ですがマネジメントから外れて部下のない技術職に戻ったこともありましたが、その期間はとても楽しかった覚えがあります。

とはいえ、それでもマネジメントをおこなう立場の人間に技術職経験者が増えてほしいと思っています。現在のマネジメント層の多くは、技術職経験者ではありません。そのために、人間関係あるいは交渉に長けたマネジメントの価値観の人ばかりになってしまっています。この状態は、危険ではないかと思うようになったからです。

人間関係、あるいは交渉に長けたマネジメントの価値観の人ばかりになってしまうと、理論的なことよりも感情的なことを優先して行動に移してしまうようになります。人を動かすことばかりを追い求めたマネジメントは、人々の感情を汲み上げ揺さぶることを中心として動いてしまいがちです。しかし、世界で起きる多くのことは、人の感情を元にして起きているわけではありません。むしろ、**世界を理解するためには、自分自身の感情が信じたいことを否定する**ことが必要です。

今、情報がかんたんに入手できるようになり、その情報の信頼度を客観的に示してくれるものはなくなってきました。多くの人が「正しい」という情報が本当に事実なのかも、確認することは難しくなっています。そんなときに役に立つのは、未来を見つめて実験的な実践を繰り返す問題解決方法や論理的な思考だと思います。そのような**人を感情で動かす理論とは離れたところで決断を下せるマネジメント**が存在することが、とても大切になっていると思います。

8-2 現時点でのまちがいを許容する

　実験的な実践をマネジメントの判断そのものに入れるということは、現時点でのまちがいを許容するということです。判断するための根拠となる前提があり、それを支える客観的な事実と、まちがっているかもしれない可能性を明確に示しながら、危険と利益の両方を考慮して決断します。

　そして必ず、**まちがっていたらどうするのか**を考えておきます。できるならば、決断したことに対して、3つ以内の否定的な意見を持つべきです。持てないのならば、その決断は"願望"を多く含み、何かを見落としていることになります。

　もしも、どうしてもほかに代替案のない決断をしなければならなくなったときには、それをきちんと公表することです。それは、あくまでも自分の裁量の中での代案がないということにすぎません。公表することで、もっと広範囲の代案を考えてもらうことができるかもしれません。もちろん、「それは自分の仕事ではない」と言う利害関係者はたくさんいますし、そういう人から責め立てられることは覚悟しなければなりません。それでも、問題や危険こそオープンにしていくのも、技術者としての常識だと思います。

　人との交渉に重きを置くと、まちがいを認めることはマイナスとなるため、まちがいを認めないマネジメントになりがちです。そこへ、個人のプライドが入ってくると、**三大疾患**を発症します。

- 謝ったら死ぬ病
- わからないと言ったら死ぬ病
- 自分の世界から出てこない病

　この3つは、大概の場合、同時に発症します。もちろん、専門家や研究者のような方々にも、理系・文系問わず感染する方はいらっしゃいます。そうならないために、「科学の力」を忘れないようにしなくてはなりません。とも

かく、**わからない状態が普通である**ということを、自他ともに認め続けるくらいしか予防策はないように思います。

8-3 仕事で任せられた役割や成果は、自分そのものではない

決断することを任されていることを、自分自身の能力や人間性と結びつけて考えずに、「役割」と捉える鈍感な感性も重要です。それは、決して無責任ということではなく、**マネジメントはだれかがこなさなくてはならない役割にすぎない**ことを忘れないでいるということです。そして、その役割を果たしている人間に特別な価値はないのです。

自分自身の人としての資質と、仕事で任せられた役割や成果を強く結びつけると、自分の性格や価値観と矛盾して壊れてしまいます。それらはあくまでも、与えられた役割としての自己の中の一部でしかなく、自分そのものではないのです。

自分の信じたいものと闘う術を身につける下地があるのも、技術者の優位な点です。自分が「正しい」と信じたいものと、今見えているものとの差を判断する目を鍛える術を持っています。未熟な頃には、自分の結論に優位なデータだけを無意識に抜き出したり、条件を絞ったりすることをおこない、ひどい目にあったりするかもしれません。もしかすると、それを公におこなうとどうなってしまうのかを見聞きしているかもしれません。専門家の正しさも、専門家の怪しさも、技術者になっていく過程で覚えることだと思います。それが、客観の大事さと、主観の恐ろしさを身につけさせてくれます。

人は、無意識に自分の生存しやすい世界を選ぶ生き物です。自分にとって不都合なことや危険なものにばかり意識が向いていては快適に暮らせないので、生きていくために鈍感さも自然と身についていくものです。しかし、それを訂正することも、教育で身につけていく大切なことです。

8-4 変化を阻む「見えないバリア」を取り除く

　マネジメントで大変なのは、人材、物品、時間の3つの間に存在する「見えないバリア」を取り除くことです。

　どれか1つだけを改善するのは困難なことです。たとえば、物品の発注とリードタイムを短くするには、担当者の仕事の仕方が変わらなければうまくいきません。1人の担当者を変えるのではなく、関わる人々を全対象にしないと、大きな変化を起こすことはできません。そこには必ず、変化を阻むバリアのようなものが存在します。

　わかりやすいバリアは、「過去にそれでうまくいきました」という成功体験に基づいたものです。あるいは、「自分の評価された技量で解決できることをなくしたくない」という自己防衛です。物品の発注でいえば、ベンダーとの日頃の交渉によるリードタイムの短縮や、なにかのトレードオフによる譲歩の引き出しで、個別の案件ではリードタイムの問題を解決している場合、大きな変革に対しては受け入れようとはしないものです。

　その場合の解決策は、上流工程を変えてしまうなどして、バリアそのものを無効化することです。個別の発注で抵抗するのであれば、個別の発注をやめてしまい、年に何度かのまとめた発注にする。リードタイムの問題は、在庫を持つことで解決する。そんな形です。

　しかし、この「バリアが存在できなくなる」条件変更をすることへの「バリア」がなお厄介です。それは、「今までやったことがないことは、やってはいけないことである」という思い込みです。

　先ほどの例で言えば、「プロジェクト単位におこなわれる発注作業をプロジェクトから切り離して、在庫を持つことで対応するようにする」という変化は、とくに、財務部門や経営部門に働きかけないと実現しません。また、そのことのもたらす財務的な利点なども理解していなければ、そもそも働きかけることもできません。

　自分の組織のさまざまなバリアを取り除くためには、自分の組織を超えた

大きな組織のつながりそのものの変更が必要なことがたくさんあります。そういうことからも、会社の仕組みや財務や他業種の知識などを「技術」として学ぶことが大切なのです。

8-5 目的のために手段を選ばない

　マネージャーは、**目的のために手段を選ばない**ことが大事です。自分の中で決断したことがあり、必ずそちらに意思決定を向けたいときには、「嘘」「規則違反」「大量の損失」にならないのであれば、なりふりかまわずに、言動を持って達成するべきです。

　たとえば、「これを選んだときに失敗はないか？」というような質問をされた際に、技術者同士ならば「失敗しないとは言い切れませんが」といった言い方をしてもかまいません。しかし、管理者として上位の人に聞かれた際には、

「このままにしておくと、こういう被害が出ます。また、違う案だとこういう被害が出ます」

というように、比較できる材料を与えることで、選べるような情報を出すことが大切です。
「原因はなんだ？」と聞かれたときに、「たぶんこうですが、はっきりとはわかりません」といった言い方をするよりも、

「原因はわかりません。けれど、こういう方法を取れば回避できます」

というように、現実の問題を解決する方向へ向けることが重要です。
　そのときに、自分の組織の中に信頼できる技術者がいることはとても重要になってきます。なぜなら、同じ組織の人間であれば、マネージャーの責任で事業のために必要な情報を提供できるからです。

技術的な理解と信頼があれば、ときには策士になることがあってもいいでしょう。しかし、山師になってはいけないし、もし山師がいるときは"本当のような嘘"を見抜いて避けなければなりません。技術者は、その眼を持っているはずです。
　「自分が正しいと思うことをおこなうのだ」という原理原則を持っていても、正しい決断が実行されるとは限りません。それでも、まちがいを犯したおかげで、次の決断が少しでも良くなればいいのです。そういう行動を続けていく間は、マネージャーになったとしても「技術者」としての成長も続いていきます。

　技術者を経験したマネージャーが1人でも多く生まれるといいなぁと、願っています。その数が増えれば増えるほど、技術者が必要とするマネジメントとマネージャーの存在が増え、お互いの信頼も強くなり、生きていきやすくなると思っています。

おわりに

　最後まで読んでくださった方々、ありがとうございました。
　最初にここを読んでいらっしゃる方々、はじめまして。手に取っていただきありがとうございます。

　この本には、技術職になりたくて、マネジメントなんて嫌いな人間が、マネジメント職に任命された後、どうにかやり続けてきた中、試してきたことと、その結果で考えついたことの記録が書いてあります。
　大成功に終わったわけではありません。かといって、大失敗だったとも思ってはいません。うまくいったことも、悪い結果になったことも、両方あるのが、普通の人間の人生だと思っています。
「後出しジャンケンにならないように」と思いながら過去を振り返ることにしています。自分の力でなんとかなることなんて、生きた時代や場所や運にくらべたら決定的な要因ではないのですから。
　それでも、せっかくの経験から得たものを開示して共有するのは、自分が学ばせてもらった恩を返すことだと思って、こうして書き終えられました。
　そのまま真似をすればなにかがうまくいくという内容ではありませんが、なにか考える材料になれば幸いです。とくに、技術者志向の方々に架空の追体験として楽しんでもらえたらいいなあと思っています。

謝辞

　ボロボロの書きはじめから初稿まで読んで感想とアドバイスをくださった武内覚さん、つきあってくださり本当にありがとうございました。
　ここに書いてあるほとんどの時期に、部下として過ごしてくれた荻林裕憲さん、初稿を読んだ後の感想は励みになりました。なにかの役に立ったらいいなと願っています。
　編集の傳智之さん、もう本当に、この本が完成したのは、あなたのおかげです‼　自分の文章力のなさに最初は打ちひしがれましたが、最後は「無」の心でひたすら添削を受け入れました（笑）。
　完成するまで励ましてくれた妻 千絵に感謝してます。辞めたくなった時に諦めずにすみました。
　初稿を読み切って正直な感想をくれた息子 輝海にも感謝です。最後まで読んでくれたのは、本当にうれしかった。

　最後に、マネジメント職の当時、関わったすべてのみなさん。お世話になりました、ありがとうございました。

関谷雅宏（せきや まさひろ）

1962年生まれ。

金融企業に新人として入社。お札を数える日々に耐えきれず退職。何かを作り上げる仕事を求めていくつかの職を転々としたのち、小さなソフトハウスでプログラマーの職につく。

2年ほどで会社が倒産した後、当時のユーザー企業に転職。その後、中堅のソフトハウスに転職したが、同僚に誘われ起業。15年間、役員として勤める。

同社は、役員・社員5人程度から、社員50人以上、協力会社を含め200人程度の規模まで拡大。その間、CFOからCTO兼副社長まで経験。常に開発現場に関わり、プログラムを組み、OS・ネットワークからデータベース、ミドルウェアの設計や構築も手がける。

セキュリティ・インシデントの対応をした縁で、某通信会社へ40歳を過ぎてから転職。社内情報処理システムの基盤部署へ配属となる。

「データベースの事故が事業のリスクになる」という上層部の判断から、データベースをはじめとして、ミドルウェアを社員でサポートできる部門を新規設立。経験のない社員に1から学習してもらい、実践を通じてエンジニアとして育てることを中心に、他部門からの信頼を得ることに成功する。ミドルウェア中心の部門を確立させたのち、サーバー、OS、データセンターなどを見る部署と合わせて管理する。その後、社内ネットワーク、などのインフラをすべて統括する責任者となる。責任者となってからも、最後まで自分のパソコンの中でプログラムを動かし続けていた変わり者として、まわりからは不思議な目を向けられていた。

現在は、子会社の管理職として過ごしている。

【X】@Guutara

- 装丁：石間淳
- 本文デザイン：斎藤充（クロロス）
- 編集：傳 智之

●お問い合わせについて

本書に関するご質問は、Webサイトの質問用フォームでお願いいたします。
電話でのお問い合わせにはお答えできません。
ご質問の際には以下を明記してください。

- 書籍名　　● 該当ページ　　● 返信先（メールアドレス）

お送りいただいたご質問には、できる限り迅速にお答えするよう努力しておりますが、
お時間をいただくこともございます。
なお、ご質問は本書に記載されている内容に関するもののみとさせていただきます。

●問い合わせ先
「マネジメントは嫌いですけど」係
https://gihyo.jp/book/2025/978-4-297-14581-1

マネジメントは嫌いですけど

2025年1月21日　初版　第1刷発行

著者　　　関谷雅宏（せきや まさひろ）
発行者　　片岡巌
発行所　　株式会社技術評論社
　　　　　東京都新宿区市谷左内町21-13
　　　　　電話　03-3513-6150　販売促進部
　　　　　　　　03-3513-6185　書籍編集部
印刷・製本　港北メディアサービス株式会社

定価はカバーに表示してあります。
製品の一部または全部を著作権法の定める範囲を超え、無断で複写、複製、転載、テープ化、ファイルに落とすことを禁じます。

造本には細心の注意を払っておりますが、万一、乱丁（ページの乱れ）や落丁（ページの抜け）がございましたら、小社販売促進部までお送りください。送料小社負担にてお取り替えいたします。

©2025　関谷雅宏
ISBN978-4-297-14581-1　C0034
Printed in Japan